AF450554

Editorial
NUN

> **Ficha bibliográfica**
>
> Arroyo Martínez Fabre, Mario Salvador
>
> *Ciencia y fe: ¿un equilibrio posible?*
> 1a. edición, 2021
>
> ISBN: 978-607-99201-8-0
>
> Editorial Notas Universitarias, S.A. de C.V.
> Colección Scholia
>
> Formato: 15 × 21 cm
>
> 214 pp.

Editorial NUN

Es una marca de Editorial Notas Universitarias, S.A. de C.V.

Xocotla17, Tlalpan Centro, alcaldía Tlalpan,
Ciudad de México, C.P. 14000

www.editorialnun.com

D.R. © 2021, Editorial Notas Universitarias, S.A. de C.V.
D.R. © 2021, Mario Salvador Arroyo Martínez Fabre

El contenido de este libro es responsabilidad del autor

ISBN versión impresa: 978-607-99201-8-0
ISBN versión digital: 978-607-97065-5-5

Comentarios sobre la edición a contacto@editorialnotasuniversitarias.com.mx

Derechos reservados conforme a la ley. No se permite la reproducción total o parcial de esta publicación,
ni registrarse o transmitirse por un sistema de recuperación de información, por ningún medio o forma,
sea electrónico, mecánico, fotoquímico, magnético o electroóptico, fotocopia, grabación o cualquier otro
sin autorización previa y por escrito de los titulares del *Copyright*. La infracción de los derechos
mencionados puede ser constitutiva de delito contra la propiedad intelectual (Arts. 229 y siguientes
de la Ley Federal de Derechos de Autor y Arts. 242 y siguientes del Código Penal)

Los textos aquí presentados fueron arbitrados (dobleciego) y dictaminados por especialistas nacionales.
Posteriormente, fueron revisados, corregidos y modificados por los autores antes de llegar a su versión final.

Dirección editorial y diseño de portada: Miryam D. Meza Robles
Cuidado de la edición: Felipe G. Sierra Beamonte
Corrección de estilo: Óscar Díaz Chávez
Diagramación: Alejandro Ramírez Monroy

Ciencia y fe:
¿un equilibrio posible?

Mario Salvador Arroyo Martínez Fabre

Índice

Presentación

Este libro que tienes entre manos, estimado lector, es un proyecto que nació en medio del fragor constante de la labor de un sacerdote que es capellán en un colegio de Lima Norte, en Perú. Ciertamente, no es el único lugar en el que labora el padre Mario Arroyo Martínez Fabre, pero es el lugar donde nos conocimos más y compartimos intereses mutuos por contribuir con el crecimiento cultural de esta parte de la gran ciudad.

Siempre he admirado todo esfuerzo por conjugar las ciencias experimentales (mi campo de acción) con la filosofía y la teología (el campo de estudio del autor), debido a que en estas épocas postmodernas se ha intentado, con mayor insistencia, el divorcio entre las ciencias y los humanismos parcelando inicuamente la realidad y sus posibilidades de interpretación.

El pretendido choque entre fe y razón o entre ciencia y fe no tiene ningún asidero más allá de los "ismos" que surgieron posteriormente a la Ilustración, por tanto, más que señalar a los artífices de esta colisión, se debe recomenzar la tarea de tender puentes de entendimiento entre ambos ámbitos de estudio por la vía de la propia racionalidad humana. Estos puentes siempre partieron de los propios hombres de ciencia de buena voluntad, independientemente de su confesión religiosa o ausencia de ésta, y de todo aquel que buscó apasionadamente la verdad. Vaya tarea.

En virtud de ello, este libro es un pequeño pero dedicado esfuerzo en la construcción de estos puentes en nuestro país, donde muchas veces los discursos han ido oscilando desde el cientificismo y el positivismo hasta el fundamentalismo religioso, nada más dañino para la comprensión del mundo y sus causas profundas.

A través de este libro, encontrarás que tanto ciencia como fe, lejos de contraponerse irremediablemente, se han enriquecido mutuamente con sus descubrimientos y aportaciones, aspecto que el autor enfatiza muy bien, recordándonos al interior de cada capítulo los puntos más relevantes de la historia de la ciencia, así como la comparación de sus métodos, los problemas que implica la interdisciplinariedad y el recorrido biográfico de los científicos, tanto quienes apostaron por el diálogo fecundo como los que se decantaron por el enfrentamiento y la ruptura.

También debo resaltar el estilo de redacción del padre Mario Arroyo, ya que en su afán divulgativo logra que esta obra sea de muy fácil lectura y comprensión a pesar de tocar temas de gran hondura científica y filosófica. Igualmente, añade la amabilidad del buen filósofo que nos revela los grandes problemas sin disminuir en nada el rigor de su investigación. Me hace recordar esto un viejo chiste científico que cuenta sobre un neutrón que, al terminar de beber su trago en un bar, le dice al cantinero: ¿Cuánto es?, a lo que el cantinero le responde: Para usted nada, amigo, sin carga.

Finalmente, y "sin carga", debo felicitar el esfuerzo de la Editorial Notas Universitarias por llevar al público mexicano un libro que de por sí ya le auguro los mejores éxitos, pero, sobre todo, porque al culminar sus páginas podremos comprender un poquito mejor la incansable búsqueda del hombre por encontrar su lugar en este mundo, así como las huellas del Creador en su creación.

Aldo Llanos Marín
Biólogo, educador y gestor cultural

Introducción

Es frecuente, tanto en el marco de la educación secundaria como en la universitaria, escuchar planteamientos y enfoques en los cuales parece darse por sentado un enfrentamiento, real o ficticio, entre ciencia y fe. Para muchas personas resulta evidente la existencia de una neta oposición entre la enseñanza bíblica sobre el origen del mundo, del hombre y de la vida, y las afirmaciones científicas sobre estos mismos temas.

Aquellas personas se enfrentan a los siguientes dilemas: o bien se abandona la perspectiva religiosa (con la conciencia de efectivamente abandonarla, cual rechazo a una noche de ignorancia y superstición), o rechazan la científica, atrincherándose dentro del credo y recelando de los avances científicos. O decaen en una especie de teoría de las dos verdades, sosteniendo que ambas explicaciones, si bien son contradictorias, son verdaderas, eliminando de un plumazo el principio de no contradicción. O, finalmente, optan por eludir el cuestionamiento y sostener, como lo hacen muchas personas, más o menos conscientemente, que "lo más probable es que quién sabe".

Incluso el planteamiento se agudiza más si el individuo en cuestión asiste a determinadas aulas universitarias. En su interior se encona esta oposición, caricaturizando o ridiculizando muchas veces la posición de la Iglesia, criticándola o haciéndola blanco de ironías y clichés manidos y superficiales. Uno termina por elegir entre ser retrógrado y conservador, o abierto y progresista; un espíritu esclavo y supersticioso o un espíritu libre, abierto, que no teme al conocimiento.

La aparente oposición entre ciencia y fe evidencia muchas realidades. La primera de todas, sin embargo, es la ignorancia. Con sugestiva persuasión afirmaba san Josemaría (1902-1975), un santo de nuestro tiempo, que el mayor enemigo de Dios sobre esta tierra es la ignorancia. En el presente tema, sin embargo, sí cabe afirmarse que no se trata sólo de ignorancia, sino, más bien, de un cúmulo de ignorancias, las cuales permiten tomar como verdad incuestionable, como punto de partida aceptado por "todos", lo que en realidad no es más que la suma de un conjunto de in exactitudes.

En primer lugar, es triste decirlo, empieza por una ignorancia de la propia fe. Muchas personas simple y llanamente ignoran en absoluto los contenidos de la fe. Nunca se han tomado la molestia de leer y pensar el Catecismo de la Iglesia católica, o su Compendio, menos aún los catecismos de uso corriente de preparación para la primera comunión. Otros creen encontrar oposición entre la Biblia y la ciencia, sin siquiera haber leído la Biblia de manera personal, sino simplemente suponiendo que afirma determinadas verdades. Otros, leyéndola e interpretándola en su tenor literal, vienen a confirmar esa supuesta oposición sin darse cuenta de que su interpretación bíblica adolece de graves insuficiencias.

En el ámbito científico también se dan dolorosas ignorancias. Éstas son más difíciles de evidenciar, ya que la ciencia detenta, como si fuera exclusiva posesión suya, el halo de la racionalidad y la inteligencia. Asimismo, las ignorancias del científico suelen ir por dos derroteros diversos, que responden a realidades diferentes de su campo de conocimiento.

Por un lado, está su ignorancia religiosa. Muchas veces el dios con el que se pelean efectivamente no existe. A la clase científica, como a la clase pensante en general, le molesta sobremanera aquel dios "tapa agujeros"; aquel dios que invocamos cuando no podemos explicar algo. Desde esta perspectiva, la religión no puede ser sino hija de la ignorancia. Ahí donde no entiendo algo, invoco a ese dios. En la medida en que puedo explicar las cosas, éste resulta superfluo, y si el avance de la ciencia y tecnología sigue su curso, se supone que ya no habrá lugar para este dios, ya que no existirán tales "agujeros". Todo parece muy lógico y coherente, sin embargo, la base de esa suposición es falsa: ese dios no es Dios. El antagonista del cientificismo no existe, es un fantasma; Dios en cambio sí existe y es real.

En segundo lugar, la ignorancia del científico es filosófica, lo cual es comprensible, pues no tiene por qué saber filosofía, y por razones históricas: prácticamente desde el inicio de la modernidad la filosofía ha quedado rezagada respecto a la ciencia. Por decirlo de alguna forma, no sólo es que no sepa filosofía, sino que no debe saberla; precisamente porque la ciencia la ha relegado y ha mostrado que el saber filosófico está demás: bastaría el saber científico para explicar la vida, el mundo y el sentido de las cosas. Incluso, como en ese saber científico experimental no comparece Dios, ni el alma; está más que justificado dudar de ellos.

No obstante, sin dejar de reconocer los beneficios inmensos que la ciencia y la tecnología han aportado a la humanidad, no deja de ser falsa su pretensión de gozar del monopolio absoluto del saber. Exactamente por cerrar, orgullosa, la ventana filosófica, incurre en crasos errores metodológicos, sin apercibirse de ellos, sin apenas ser consciente de estar cometiendo evidentes contradicciones o suposiciones que no puede demostrar desde sí misma; ignora los presupuestos filosóficos desde los cuales construye todo su saber. ¿Cuáles supuestos? Mariano Artigas (1938-2006) los sintetiza esquemáticamente: "Que exista un orden natural inteligible (supuesto ontológico). Que poseamos la capacidad de conocerlo (supuesto epistemológico). Que el objetivo de esa empresa posea un valor tal que merezca la pena buscarlo (supuesto ético)" (Artigas, 2007: 220-221).

Es habitual, además, que determinados científicos detenten posiciones filosóficas y las defiendan desde la base de su prestigio científico, induciendo de esa forma a confusión al público en general. No es extraño, dicho sea de paso, que las posiciones filosóficas que se suponen demostradas de manera científica, en realidad sean posturas de corte filosófico e ideológico ampliamente superadas en el ámbito filosófico escolar. Es decir, unas auténticas piezas de museo, anacronismos, dando todo como resultado un auténtico ridículo por parte del científico que defiende tales posturas.

Desgraciadamente, muchas veces el público en general no es consciente de tal ridículo y admite muchos errores de categoría casi sin darse cuenta.

El propósito del presente texto es ofrecer puentes de comunicación entre los tres tipos de saber: científico, filosófico y teológico, y mostrar cómo pueden armonizarse en orden a conseguir la unidad del conocimiento y una comprensión cada vez más extensa y profunda del misterio del hombre y el cosmos. Así, se busca una consciente y decidida interdisciplinariedad entre los diversos ámbitos de conocimiento, si bien en el ámbito divulgativo, lo cual supone una inmensa utilidad para el público en general, que goza así de un mapa conceptual que le permite ubicarse y ser consciente de qué terreno está pisando cuando se adentra en estas cuestiones limítrofes entre ciencia, metafísica y religión.

La utilidad, no obstante, se extiende tanto al científico que desea conocer con precisión qué afirma la fe, o cuáles han sido las discusiones filosóficas pertinentes referentes a su ámbito de conocimiento, como al hombre de fe, que no tiene por qué recelar del conocimiento científico y goza así de una base importante, de índole apologética, para entablar un diálogo relevante con la cultura contemporánea. También el hombre de fe tiene que reconocer los límites de su saber, aceptando, por ejemplo, que las verdades de fe son verdades para nuestra salvación, y no buscando, erróneamente, conocimientos de índole científica en los textos sagrados. De igual forma, es útil para el filósofo, interesado por vocación en la universalidad del conocimiento desde su perspectiva radical, y que recibe con gran interés las novedades aportadas por el conocimiento científico, así como las orientaciones que el saber revelado pueda ofrecerle.

Los puntos de encuentro entre las tres formas de conocimiento son múltiples, y algunos de ellos distan de estar completamente esclarecidos (por ejemplo, la relación entre mente y cerebro, o alma y pensamiento). Se han elegido dos, los cuales suelen tener mayor eco mediático y una más directa confluencia temática: el origen del universo y el origen del hombre o, si se prefieren términos más coloquiales, el Big Bang y la teoría de la evolución. En efecto, suelen ser los temas invocados por los escolares, al descubrir divergencias entre lo que escucharon en el catecismo y lo que escuchan en su clase de biología, física o astronomía. Además, de estas divergencias provienen la mayor parte de textos divulgativos de carácter pseudocientífico que interpelan descalificando a la religión, así como las confrontaciones de corte religioso fundamentalista con el saber científico.

Se trata, en definitiva, de un polvorín intelectual que surge de un pseudo problema, de una deficiente información. Ello evidencia una aguda carencia en la formación universitaria; cede a una excesiva sectorialización del saber sin ofrecer por contrapartida la interdisciplinariedad necesaria que justifica precisamente la nomenclatura de la institución educativa: la universidad debe ofrecer un saber universal. Si bien es imposible que un individuo concreto acapare todo el conocimiento humano, la universidad como institución debería esforzarse por ofrecer los puentes necesarios para alcanzar la unidad del saber.

Este esfuerzo supone, indudablemente, un importante aporte a la cultura, entendida como conjunto ordenado y armónico del conocimiento humano en la persona. Es cultura general útil para cualquier individuo, y especialmente pertinente para aquellos que cultivan cualquiera de los tres saberes llamados en causa: ciencia, fe o razón (en su acepción filosófica). Ello permitirá no caer en los citados errores metodológicos, ni excederse en el propio ámbito del conocimiento, y de esa forma aprender con interés todo lo que otras ramas del saber puedan aportar. En definitiva, el presente texto tiene el propósito de ser una lanza, acaso incipiente, a favor de la interdisciplinariedad, y considera que su interés es mayor en el contexto presente. Precisamente porque la institución universitaria de los siglos XX y XXI no ha producido un clima cultural adecuado para alcanzar la unidad del conocimiento sino, por el contrario, una auténtica Babel intelectual.

La intuición del cardenal Newman

Metodológicamente, comenzaremos por la conclusión. El punto al cual queremos llegar se adelanta para comprender mejor el entramado de toda la argumentación. La tesis que presentamos es simple: los enfrentamientos entre ciencia, razón y fe son fruto de una carencia metodológica, debido a la cual alguno de estos saberes se excede en su ámbito cognoscitivo, invadiendo el terreno que le compete al otro. Esto lo hacen de modo inconsciente, extralimitando las consecuencias de sus descubrimientos, fuera de su estricto margen de aplicación. Y la causa de esto es la falta de interdisciplinariedad, es decir, de intercambio entre los diferentes saberes, agudizado por la progresiva especialización del lenguaje de cada uno de los conocimientos en juego, hasta el punto de llegar a ser inconmensurables; esto es, como si hablaran idiomas distintos, no se entienden entre ellos. Esta última carencia se debe, fundamentalmente, a una educación universitaria mal planteada.

Para desarrollar la presente afirmación, me serviré de la intuición del cardenal Newman (1801-1890), en el ya lejano siglo XIX, rehabilitada en clave crítica por uno de los más importantes filósofos de la actualidad como es Alasdair MacIntyre (1929). La propuesta de Newman tiene tres extremos:

A. La universidad debe buscar ante todo la "unidad de conocimiento" y la "unidad de comprensión". Explica Newman que no son idénticas: es muy diferente saber cosas que comprenderlas, es decir, entender el puesto que ocupan dentro del conjunto ordenado del saber.

B. La teología va a ser la disciplina clave, la llave que permita esa unidad y universalidad en el saber. El planteamiento newmaniano, sin embargo, entiende la teología más como teodicea o teología natural, una parte de la metafísica que no se fundamenta tanto en el saber revelado como en la razón.

C. La universidad no se justifica ni se valora por su utilidad práctica concreta. No es fundamentalmente (o no debería ser) una fábrica de títulos, ni el lugar adonde las empresas o los gobiernos van a resolver sus problemas, es decir, no debería dejarse seducir por la tentación del utilitarismo académico. Al contrario, la universidad posee valor en sí misma, como generadora de saber universal. Lo que debe ofrecer una universidad, su producto terminado, el resultado de sus esfuerzos, es una mente educada. La noción de educación es más extensa que la simple acumulación de conocimientos, y consiste fundamentalmente en saber cómo los conocimientos concretos que alguien cultiva en particular se engarzan convenientemente dentro del conjunto del saber. Es más amplia porque no se reduce a estudiar una pequeña parcela del conocimiento —como resultado de la excesiva sectorialización del saber—, sino que, además, debe mostrar cómo ese conocimiento particular se integra en el conjunto del saber (*Cf.* MacIntyre, 2009: 353-362; Newman, 2011: 38-40, 42-47, 53).

Para la mayor parte de los críticos, la idea de Newman es irreal: no es posible una cultura unitaria, es incompatible con la alta especialización del conocimiento. De hecho, no hay ninguna universidad actual que siga el esquema propuesto por Newman. Sin embargo, que la universidad ignore su propuesta no significa que haya elegido el camino correcto. Por lo tanto, MacIntyre aun reconociendo que la propuesta de Newman no gozó ni goza de gran aceptación, considera que precisamente allí se evidencia el problema: todos los grandes dictadores, genocidas y causantes de conflictos bélicos del siglo xx o han estudiado en la universidad o se han servido de personas convenientemente preparadas de manera técnica por las estructuras universitarias (*Cf.* MacIntyre, 2009: 361). Todo lo anterior le hace preguntarse, sin necesidad de ser demasiado perspicaz, si no habrá algún error de raíz en la enseñanza universitaria, si no estaremos haciendo algo mal. Es ahí donde parece útil y no anacrónico, presentar de nuevo la propuesta universitaria de Newman.

La verdad científica, calificada como verdad teórica, debe ser contrapesada por ese otro gran ámbito del conocimiento constituido por la denominada "verdad práctica". La sola descripción de este saber y sus leyes muestra cómo es reductivo considerar que el único conocimiento válido y riguroso para el hombre es el científico. Por el contrario, el más necesario para la existencia cotidiana es el práctico. La razón práctica y su correspondiente verdad práctica son terrenos donde el conocimiento científico nada tiene que decir y que, sin embargo, suponen una forma de racionalidad válida y extensa.

Lo que muestra dicha verdad práctica, objeto de la razón práctica, que no puede alcanzar el conocimiento científico, y que se muestra esencial tanto para la vida individual de la persona como para la sociedad en su conjunto, es el sentido y la finalidad. La verdad práctica tiene sentido y finalidad; finalidad y sentido necesarios en el conocimiento para que éste no nos destruya. Por ejemplo: crisis económicas, ecología, armas químicas, biológicas, nucleares, entre otras, han surgido de una mentalidad científico-tecnológica, desligada de la dimensión sapiencial del saber, o por lo menos de su aspecto moral.

La verdad teórica necesita ser completada por la práctica para no quedar a la deriva ni generar destrucción. El hombre es el gestor del conocimiento y no es la verdad teórica la que me dice cómo gestionarlo: ella me aporta el material. La que me lo dice, ordenando ese material ofrecido, es la razón práctica, y que efectivamente haya alcanzado su objetivo, supone haber alcanzado la verdad práctica.

Por otro lado, la verdad práctica requiere capacidad de decisión. Esta última supone la capacidad de identificar el orden correcto de los bienes. El bien correcto supone el conocimiento del bien último del hombre, que ordena todo lo demás, y esto no te lo puede decir el saber científico, por eximio que sea.

La parte debe colaborar en la comprensión del todo, ello supone la noción de educación. Estar educado no se identifica con el conocimiento del especialista; es conocer el valor de cada disciplina y su alcance (orden y conjunto, finalidad y sentido). De esa forma, el profundizar en una parte del conocimiento no aísla respecto del resto del saber, por el contrario, integra nuestra aportación en el conjunto del conocimiento humano; la contextualiza mostrándole su auténtica dimensión.

La pregunta de MacIntyre, que a su vez sigue a Newman, no versa en qué es una universidad, sino en qué es una mente educada. La universidad debería producir mentes educadas, y si no lo hace ha fracasado en uno de sus cometidos fundamentales, quizá en el cometido por antonomasia.

Para Aristóteles (384-322 a.C.) cada cosa tiene su perfección propia (*Cf.* Aristóteles, 1986: 1097b22-1098a20); hay una perfección propia del hombre en general y una perfección del intelecto en particular. Las universidades no están formando mentes educadas. Producen técnicos o especialistas: perfeccionan el intelecto, pero sólo una parte de él, no a la persona concreta y completa; no cooperan, o si lo hacen es accidental, fragmentaria o fortuitamente, para alcanzar la perfección de la persona en su integridad sin lograr la unidad del conocimiento.

Pero la unidad y el orden de los saberes requieren de la teología; si falta ésta, los saberes particulares ocuparán su lugar y producirán un desorden y una imprecisión en el conocimiento y en la comprensión. Cabría subrayar que no solamente debe formarse una facultad de Teología en la universidad civil o pública, ni tampoco basta que exista alguna asignatura de Teología en la currícula universitaria, sino que se cultive la Teología racional y se haga partícipe de sus conclusiones y principios a los catedráticos de otras ciencias.

Rigor metodológico

El tema de fondo en los diferentes desencuentros que han existido entre ciencia, razón y fe se encuentra en la falta de rigor metodológico. ¿A qué nos referimos? Precisamente al momento en que la ciencia, al pensar que hace ciencia, realiza afirmaciones de índole filosófica sin ser consciente de ello. Obviamente no nos referimos a la ciencia como tal, la ciencia como saber estructurado no afirma ni niega nada, sino a los científicos concretos quienes, amparados bajo la aureola de su saber, se extralimitan en el alcance de sus afirmaciones sin apercibirse de ello, en el mejor de los casos. Y si lo saben —en el peor de los casos— procuran ignorar tal exceso, quizá por motivos ideológicos o por imponer sus ideas aun a costa de jugar sucio.

También puede haber insuficiencias metodológicas por parte del filósofo o del teólogo. Éstas se enmarcarían en el esfuerzo por afirmar cualquier teoría o principio de índole filosófica o teológica de espaldas a la realidad, de forma que, si la realidad indica otra cosa, peor para la realidad. Es lo que se conoce, en el ámbito religioso, como fundamentalismo. Se daría, por ejemplo, en las llamadas corrientes creacionistas, las cuales, amparadas en una lectura literalista (permítaseme el neologismo: exceso en la interpretación literal bíblica) de la Biblia, niegan los avances científicos suficientemente establecidos sobre el origen del hombre y del mundo.

No hay que olvidar en este contexto que la ciencia habla en principio de la realidad. Por ello, ofrece, tanto a la filosofía como a la teología, un precioso material a partir del cual deben hacerse las reflexiones pertinentes. El principio de realidad purifica cualquier abuso doctrinal o especulativo.

La realidad está ahí y es preciso explicarla, interpretarla; quizá con herramientas filosóficas o dar razón de ella y del efecto que determinada realidad científica tiene para la fe. Cuando me encuentro con un fósil de millones de años, no puedo seguir pensando, haciendo un cálculo por la suma de años que aparecen en la Sagrada Escritura, que el mundo tiene 12 000 años. El dato científico me ayuda para comprender que una determinada aproximación a la Sagrada Escritura no es la correcta, pero de ningún modo puede descalificar a la Biblia como libro revelado por Dios y como camino para alcanzar la vida eterna.

Los ejemplos de este último extremo son múltiples y suponen tanto para el filósofo como para el teólogo un esfuerzo constante por estar al día, por lo menos en lo sólidamente establecido dentro del ámbito científico. Destaco lo de "sólidamente", pues no es extraño que muchas afirmaciones realizadas dentro del ámbito científico, sean puramente preliminares. En el sentido de tratarse de aseveraciones provisionales, necesitadas de la conveniente legitimación por parte de la comunidad científica, de asentarse y precisarse de forma que no sean el resultado prematuro de una investigación de punta, sino un conocimiento conveniente y sólidamente asentado dentro de los límites que la misma ciencia encuentra para afirmar sus conclusiones de esta forma.

¿Cuáles ejemplos se pueden señalar? Sin pretender ser exhaustivos, pero tomando en cuenta algunos de los invocados frecuentemente en las discusiones coloquiales, se pueden citar los siguientes: determinar el momento preciso en que inicia la vida humana o, por el contrario, el momento en que puede dictaminarse que ha terminado; de igual forma, precisar si el embrión o el cigoto es parte del cuerpo de la madre o se trata de un ser distinto; asimismo, determinar cómo se originó la vida en la Tierra o si hay vida en otros planetas, y si esta última es inteligente (es decir, si hay extraterrestres o no); por otra parte, si puede establecerse con precisión el origen y la extensión del universo, etc. Todos estos conocimientos, que el saber científico busca incansablemente, una vez establecidos, tienen abundantes consecuencias filosóficas y teológicas.

Por abordar uno, que frecuentemente aparece en publicaciones divulgativas: si hubiera vida inteligente fuera de la Tierra, aquello supondría una nueva "revolución copernicana", análoga al descubrimiento de América y, como en este último, suscitaría necesariamente multitud de debates filosóficos y teológicos, como en su momento despertó el descubrimiento de un nuevo continente. Por el momento, el peso de la prueba descansa en quienes sostienen que hay vida extraterrestre, pues no han podido demostrarlo de la forma en que se comprobó la circularidad de la Tierra y su movimiento de traslación. Hasta no demostrarse, cualquier intento de aproximación filosófico-teológico no puede abandonar el ámbito de la suposición, la conjetura o la teología-ficción. Si acaso, cabe preparar alguna respuesta rápida para la eventualidad de que en el futuro pueda corroborarse esto de forma inequívoca, pero nada más; se debe a que el principio de realidad así lo impone. Respuesta rápida porque la realidad es compleja, y es preciso saber exactamente de qué estamos hablando. Mientras no haya información concreta, no sabemos a qué nos referimos; es decir, la respuesta no pasa de ser un ensayo preliminar —quizá útil—, en el caso de que se verificara tal eventualidad.

En cualquier caso, volviendo al tema de la precisión metodológica, es necesario saber en cada momento en qué terreno nos movemos, para ser conscientes de los límites de nuestras afirmaciones y sus presupuestos. Es inevitable que multitud de cuestiones científicas despierten interrogantes filosóficas. Es preciso saber que, al responderlas, hacemos filosofía, sirviéndonos sí, como debe ser, de premisas científicas.

La ciencia me ofrece el dato empírico, el hecho. La filosofía, en cambio, trabaja su interpretación y sentido. En general, puede afirmarse que la ciencia me dice el cómo, mientras que la filosofía y la teología intentan responder el porqué, y para qué. De esta forma, como bien observó Galileo, la Biblia no me dice cómo es el cielo, sino cómo llegar al cielo. La diferencia es grande, pero la confusión es fácil, y de hecho se dio, como veremos más adelante.

El origen de los malentendidos

La oposición entre ciencia y razón tiene un tópico: Galileo Galilei (1564-1642). Galileo sería el ejemplo que expresaría de forma acabada la supuesta oposición entre fe y razón, o por lo menos, entre la Iglesia católica y la razón científica. Como suele suceder con los lugares comunes, es inexacto, si no injusto. Incluso podría aceptarse, pero si se invita a señalar otros casos de oposición, no sería fácil enunciarlos, entre otras razones porque no los hay (*Cf.* Bogdalska, s.f.; Sols, 2014: 103-109).

Esos lugares comunes con frecuencia suelen alinearse a la teoría de la evolución. Paradójica mente, la Iglesia católica nunca la ha rechazado. Es distinto que algunas personas católicas hayan manifestado reparos delante de tal teoría, pero en ese caso, se trata de las ideas o prejuicios personales, no de la religión, o por lo menos, de la autoridad religiosa competente; no es definitivamente una posición oficial.

Puede ser útil conocer más detalladamente el caso Galileo para descubrir que en realidad todo fue un malentendido, unido a un factor humano poco feliz que dio lugar a tal desencuentro, el cual, más tarde, fue rectificado. En primer lugar, hay que recordar que Galileo fue católico practicante, nunca dejó de serlo, y siempre consideró —adelantándose a su tiempo—, que no existe oposición entre fe y razón, porque la Biblia no nos dice cómo es el cielo, sino cómo llegar a él.

Galileo tendrá un antecedente inmediato, Nicolás Copérnico (1473-1543), de quien se hablará más tarde. Por ahora es suficiente con afirmar que Copérnico fue el primero que difundió modernamente la hipótesis de que no es el sol el que gira alrededor de la Tierra, sino al contrario, basado en pacientes y largas observaciones del espacio sideral. A partir del siglo XVI, tímidamente algunos intelectuales seguirán las hipótesis de Copérnico, que al final fue condenada por la Inquisición como veremos más adelante. A la hipótesis heliocéntrica, es decir, la propuesta de que la Tierra es quien gira alrededor del sol y no al revés, se le llamará en ese contexto "copernicanismo", el cual va a ser defendido por Galileo.

Galileo nació el 15 de febrero de 1564 en Pisa, Italia. Desde muy joven destacó por sus habilidades matemáticas y por su manejo original del anteojo, utilizado por primera vez como telescopio, el cual modificó para poder observar con mayor precisión el firmamento. En 1610 publica *Sidereus Nuncius* ("El mensajero celestial"), como resultado de sus observaciones. Los descubrimientos que realizó sobre las fases de Venus, los satélites de Júpiter, las irregularidades en la superficie lunar, la existencia de estrellas no visibles a simple vista y, más tarde, las manchas solares, le dieron rápidamente fama internacional; fama que fue respaldada por importantes pensadores cristianos, como Christopher Clavius (1538-1612) del Colegio Romano de los Jesuitas, institución considerada el corazón intelectual del mundo católico de aquellos años. En 1611 fue recibido como un héroe en Roma, particularmente en el Colegio Romano, que organizó un acto en su honor. Clavius y los jesuitas gestionaban un observatorio astronómico que confirmó los resultados de las observaciones efectuadas por Galileo. No hay que olvidar que pocos años antes había nacido en Roma la Academia dei Lincei, antecedente de la Pontificia Academia de las Ciencias, y Galileo fue nombrado su primer presidente (1603); es decir, en 1610-1611 se encontraba en el cenit de su fama.

Sin embargo, pocos años después, Galileo cayó en sospechas por parte de la Inquisición Romana. La causa es clara y compleja, pues al mismo tiempo se dio toda una madeja de factores que implicaba la cosmovisión del hombre de aquella época, a la que sus descubrimientos parecían cuestionar fuertemente. El hombre de fe es también hombre de su tiempo y no siempre es sencillo discernir qué forma parte de la fe y qué, en cambio, es un elemento transitorio. Un problema de carácter temporal ligado a una cultura y una época determinadas. El caso Galileo es el típico ejemplo de confusión entre ambos elementos.

En efecto, Galileo, por diversos motivos, cuestionaba fuertemente la cosmovisión de su época y es por ello uno de los primeros hombres modernos. Primeramente, tenía que enfrentar un modelo astronómico con más de mil años de vigencia: el modelo ptolemaico, muy complicado, parecía explicar todos los movimientos estelares, solares y planetarios del firmamento con gran exactitud. Tenía que ir también contra la filosofía de la naturaleza en boga en aquella época, el aristotelismo, para el cual el mundo supralunar, es decir, el mundo del firmamento estaba hecho de una sustancia especial (la quintaesencia o éter) que tenía un carácter eterno de movimiento circular y perfecto. Las manchas que detectó en el sol, así como los valles, cráteres y montañas que descubrió en la luna desmentían tal teoría, con toda la autoridad que Aristóteles tenía por entonces. Sus explicaciones estaban en contra de la experiencia natural y universal de los hombres, que ven moverse el sol desde el amanecer hasta el ocaso, y nunca han sentido que son ellos quienes se mueven. Va, en fin, contra la interpretación literal de algunos pasajes bíblicos.

Como se ve, la presunta "evidencia" en su contra para un hombre de su tiempo era abrumadora. En ella se mezclaban desde aspectos de fe hasta la experiencia cotidiana; iba en contra de autoridades filosóficas como Aristóteles o cosmológicas como Ptolomeo (100-170 d.C.), las cuales gozaban de más de mil años de reconocimiento. No era tarea fácil cambiar toda esa visión de un plumazo; y en ese esfuerzo por dar a luz a un nuevo paradigma, Galileo tuvo que pagar las consecuencias de su saber.

A ello se unieron las coyunturas políticas y religiosas de la época. El primer intento de proceso, o proceso apenas incoado, tuvo lugar en 1616. En él, únicamente se le pedía prudencia y no afirmar como definitiva la hipótesis heliocéntrica, entre otros motivos porque no estaba suficientemente fundada. No hubo condena ni nada semejante, sino que de modo privado y reservado se le amonestó. Galileo se comprometió a no difundir el "copernicanismo" de palabra ni por escrito, pues había sido condenada tal doctrina y se habían incluido en el índice de libros prohibidos algunas obras que la defendían.

¿A qué vino tal invitación?, ¿qué objetaron en contra del copernicanismo los teólogos de la Inquisición? Para entenderlo se requiere contar con los antecedentes inmediatos. Pocos años antes (el 17 de febrero de 1600), la Inquisición había juzgado y quemado como hereje a Giordano Bruno (1548-1600) que, entre otras muchas doctrinas, sostenía la del heliocentrismo. No fue condenado por dicha teoría, sino por otras de carácter más teológico, como negar la redención universal realizada por Jesucristo, en concreto, considerarlo un mago y no Dios, y en general otros planteamientos de tipo panteísta. Sin embargo, el heliocentrismo era "parte del paquete" por decirlo de algún modo, y quien en ese momento tenía en sus manos el *dossier* de Galileo, había participado en el juicio de Bruno.

Además, existía una insuficiencia de carácter científico: en 1616 Galileo no podría demostrar de manera contundente la teoría heliocéntrica. No pasaba de ser una hipótesis, aunque sus observaciones astronómicas fueran en ese sentido. Para el cardenal Belarmino (1542-1621), principal encargado de estudiar a Galileo y el copernicanismo, si se comprobaba la verdad de su propuesta, tendrían que hacerse hondas modificaciones en el modo de interpretar las Sagradas Escrituras de uso común. En efecto, hasta ese momento todo mundo aceptaba la interpretación literal del texto inspirado. De no ser el sol, sino la Tierra quien gira alrededor, no serían verdaderas las interpretaciones literales de algunos pasajes bíblicos como el salmo 19 o Josué 10, 12-13 'Detente, sol, en Gabaón, y tú, luna, en el valle de Ayalón.' Y el sol se detuvo y la luna se paró hasta que el pueblo hubo tomado desquite de sus enemigos. Así está escrito en el Libro del Justo. El sol se detuvo en medio del cielo y no se apresuró a ponerse casi un día entero".

Lo anterior fue visto claramente por san Roberto Belarmino, y con él coincidieron los dictámenes de 11 teólogos. Se adivina además que no lo invitaran a seguir investigando para aclarar las cosas, pues no querían enfrentarse con el problema de cómo deberían entonces interpretar la Sagrada Escritura. Aquí nos encontramos claramente con una intromisión de la teología dentro del saber científico, sin embargo, sirva en descargo de la teología, que en ese momento aún no estaba constituida propiamente la ciencia, se estaba gestando. De hecho, puede afirmarse de un modo general que fue precisamente Galileo quien años más tarde establecería de forma estructurada lo que se conoce como método científico. Él mismo gustaba considerarse como filósofo de naturaleza, pues la filosofía era el saber de prestigio en aquel momento, y la ciencia —siempre en sentido moderno— no había terminado de separarse de ella.

Con esa situación, Galileo aceptó no enseñar más la doctrina heliocéntrica, aunque en el fondo estaba convencido de su verdad y su no oposición real a la fe ni a la Sagrada Escritura, como se desprende de su carta a la gran duquesa de Lorena (1615). Sin embargo, la Inquisición condenó el copernicanismo —inspirado en el heliocentrismo— en 1616 y se incluyeron una serie de obras que defendían esta doctrina en el índice de libros prohibidos.

Pasaron los años, pero continuó intacto el prestigio de Galileo y siguió investigando. Creyó encontrar el argumento contundente para demostrar la doctrina heliocéntrica en las mareas, pues su existencia evidenciaría que la Tierra se mueve. Como hoy sabemos, eso es falso, las mareas se producen más bien, y entre otras causas, por la atracción de la Luna; pero Galileo en este punto fue un tanto terco. Esperó el momento oportuno y el modo adecuado para dar publicidad a su idea, pues se había comprometido bajo juramento a no defenderla más en su vida.

A tal efecto decidió publicar su teoría en forma de diálogo, y de ahí surgió su gran *Diálogo* en torno a los dos grandes sistemas del mundo, el Tolemaico y el Copernicano, aparecido en Florencia en 1632 y distribuido por Galileo en toda Europa. En ese diálogo, aparentemente sin concluir nada y dejando la cuestión abierta, comparaba el sistema tolemaico y el copernicano, y éste quedaba mucho mejor defendido en la discusión, mientras la otra posición era ridiculizada. Casualmente, el representante de la posición ptolemaica se llamaba Simplicio, que además sostenía los argumentos utilizados por el papa Urbano VIII (1568-1644) para explicar esa cuestión, con lo que se ridiculizaba indirectamente al Papa en dicha obra.

Su libro fue publicado bajo el auspicio del duque de Toscana, protector de Galileo, pero no tuvo manera de pedir la aprobación eclesiástica para la publicación a Roma. Esto se debió a que una peste en esos años dificultaba la comunicación entre ambas ciudades; a ello se sumó la muerte prematura de su editor y protector en Roma, Federico Cesi (1585-1630), quien fuera creador de la Academia de los Linces, antecedente de la Pontificia Academia de las Ciencias. Muy probablemente este último le habría sugerido prudencia y moderación para presentar sus puntos de vista.

La nueva obra de Galileo rápidamente cayó bajo sospecha de la Inquisición. Los encargados de juzgar el caso se encontraron con el juramento hecho años atrás de no enseñar el copernicanismo, y entonces le abrieron formalmente un proceso en 1632. Así, fue llamado a Roma a comparecer ante el tribunal de la Inquisición.

No tuvo un buen inicio el proceso, pues Galileo primero fingió no recordar su juramento, y después sostuvo una actitud arrogante. Amablemente le hicieron saber que eso sólo dificultaría su situación, ya que, por otro lado, el papa Urbano VIII estaba pasando por un momento difícil en lo que se refiere a su imagen pública y necesitaba reivindicarse. En efecto, el Papa se había aliado con los protestantes en la Guerra de los 30 años, enemistándose con España, que defendía los intereses católicos. Necesitaba demostrar que castigaría fuertemente cualquier brote de herejía precisamente cuando se había aliado con herejes.

Galileo rectificó a tiempo, y aunque se le amenazó con tortura como parte del proceso a la usanza en aquellas épocas por el tribunal de la Inquisición y por todos los tribunales en general, no llegó a sufrirla, pues ya había aceptado abjurar del heliocentrismo. La ceremonia de abjuración, hay que decirlo, suponía una humillación no pequeña para Galileo y le debió costar particular sufrimiento dado su temperamento orgulloso. Sin embargo, el 22 de junio de 1633 en la iglesia de Santa María Sopra Minerva, se efectuó la abjuración, que después se inmortalizaría en el arte, completada con la afirmación "y sin embargo se mueve", aunque de esto no hay suficiente certeza histórica, pues podría ser parte de la novela construida en torno al *affair* Galileo. Una vez hecho esto, fue condenado a sufrir arresto domiciliario, pena que cumplió en su casa de Florencia, muy hermosa por cierto.

Hasta aquí el proceso. Sin embargo, Galileo no dejó de investigar, ni de escribir; de hecho, su obra más importante desde el punto de vista científico, apareció en 1638, es decir, con posterioridad a la condena.

Se trata de *Discursos y demostraciones sobre dos nuevas ciencias*, donde aporta, entre otros temas, las dos leyes físicas más relevantes que había descubierto: la ley sobre la caída libre de los cuerpos y la que describía la trayectoria de un proyectil como una parábola; dejó, además, convenientemente sentadas, gracias al entrelazamiento entre cálculo matemático y experimentación, las bases del método científico. Tiempo después, murió en su casa de Arcetri el 8 de enero de 1642.

Años más tarde, gracias a los descubrimientos de Isaac Newton (1643-1727), pudo comprobarse en forma contundente la verdad del heliocentrismo y de los postulados de Galileo. Quedó patente también que la prueba definitiva no la constituían las mareas, como pensaba el científico italiano. Sin embargo, la Iglesia tardó un poco más en retirar la condena de las obras copernicanas, pero finalmente lo hizo. Se rehabilitó públicamente a Galileo, y el 2 de marzo de 1737 sus restos se llevaron solemnemente a la iglesia de la Santa Cruz, en Florencia.

Siglos más tarde san Juan Pablo II (1920-2005), apenas electo pontífice, encargó a una comisión de historiadores y teólogos que estudiaran el caso Galileo, y no tuvo reparos en reconocer los errores que algunos representantes de la Iglesia cometieron en esa ocasión. En esa misma línea de investigación apareció en 1982 la obra de Walter Brandmüller (1929), quien sostuvo la teoría de las dos equivocaciones: por un lado, los teólogos se equivocaron al interpretar los alcances de determinadas afirmaciones de la Sagrada Escritura, mientras que Galileo acertaba sosteniendo que las verdades afirmadas por la Biblia son de otro orden. En cambio, Galileo se equivocaba al afirmar que el heliocentrismo estaba completamente demostrado gracias al fenómeno de las mareas, mientras que los teólogos acertaron al afirmar que aquello no constituía una prueba definitiva de carácter científico, lo cual debía seguir manteniéndose como una hipótesis de trabajo (*Cf.* Artigas, 1986: 15-36).

Aquí es oportuno hacer una serie de precisiones, de carácter más bien teológico, para aclarar los límites de la condena de Galileo. En efecto, ya vimos que Galileo no sufrió ninguna tortura y que pudo seguir trabajando con santa paz en su casa, aunque tuvo que abjurar del heliocentrismo.

¿Supone esta condena un error de la Iglesia en materia de fe? De ningún modo, puesto que se trató más bien de una medida disciplinar, la cual no fue dada por el Papa, sino que se trató exclusivamente de una condena hecha por el Tribunal de la Inquisición con base en el dictamen de los teólogos que estudiaron las obras de Galileo. En ningún momento se buscó definir ninguna doctrina de fe, y la autoridad que condenó a Galileo no tenía potestad para definir tales doctrinas; ergo, la infalibilidad papal en materia de fe permanece intacta. Fue ciertamente un error muy grande, cometido por una comisión de teólogos y respaldado por lo que hoy sería un dicasterio romano, pero nada que comprometa la autoridad de la Iglesia en materia de fe.

Por otro lado, nunca se ha repetido tal equivocación por parte de la autoridad eclesiástica, que a partir de ese momento ha sido mucho más prudente a la hora de juzgar doctrinas científicas. Le ha servido para atenerse a los límites de lo que puede afirmar y lo que no, sabiendo que en ningún caso le compete dirimir cuestiones de carácter científico. Como anécdota, se puede decir que durante el Concilio Vaticano I algún padre conciliar sugirió condenar la doctrina de la evolución elaborada por Charles Darwin (1809-1882). Otro le respondió "*mementote Galileo*" ("acuérdate de Galileo", en latín), por lo que no prosperó la propuesta. Enfatizo que, en el momento de ser condenado Galileo, la ciencia como saber estructurado en el sentido moderno y el método científico se estaban formando y eran todavía muy confusas las fronteras entre saber científico, filosofía y teología. Con el paso del tiempo esas fronteras se han demarcado con precisión, de forma que es mucho más fácil no extralimitarse en el terreno del propio conocimiento, aunque recientemente las intromisiones han sido mucho más frecuentes en sentido inverso...

Como corolario del Galileo *affair*, puede destacarse el problema de la falta de rigor metodológico, es decir, aplicar un método teológico al estudio de una realidad científica, y también aparece inversamente la importancia de la que goza el factor humano: el científico, además de serlo es un hombre y, por lo tanto, no exento del afán de protagonismo o de considerar suficientemente demostradas sus teorías cuando en realidad no es así. Este tipo de problemas se dan de manera continua en la historia del pensamiento, y es preciso hacer un esfuerzo incesante para no rebasar de modo inconsciente los límites del propio saber.

La Iglesia y el nacimiento de la ciencia

Ya hemos visto cómo en el caso Galileo se dan un cúmulo de elementos que explican la oposición entre sus planteamientos y la autoridad religiosa de aquel momento y lugar; también hemos visto que son los únicos casos, no se pueden nombrar otros, y algunos que parecieran oponerse a las enseñanzas católicas —como la evolución o el Big Bang— en realidad no se oponen. Una vez que hemos individualizado el único caso en donde frontalmente han chocado la Iglesia católica y la ciencia, ahora toca ver lo que el cristianismo en general, y la Iglesia en particular, han hecho positivamente por el saber científico, y dejaremos para después el análisis de las teorías sobre el origen del mundo y del ser humano.

¿Cuál es la aportación del cristianismo en general, y de la Iglesia católica en particular, a la ciencia? Primeramente, hay que reafirmar el hecho de que se trata de realidades diferentes con fines distintos. La religión tiene un fin trascendente y busca la salvación de las almas. La ciencia, por su parte, tiene "un doble objetivo unitario: conseguir un conocimiento de la naturaleza que se pueda someter a control experimental y, por tanto, pueda servir como base para obtener un dominio controlado de la naturaleza" (Artigas, 2001: n. 4). No es misión de la religión motivar el saber científico, como tampoco debe encargarse del ordenamiento político de un país; ni es función de la ciencia determinar cuál es la religión verdadera, si es que hay alguna. Sin embargo, así como la religión puede aportar elementos positivos para la pacífica convivencia dentro de la sociedad, o formar ciudadanos honrados que participen del quehacer político, de la misma forma, si bien indirectamente, puede cooperar con la labor científica, y de hecho así ha venido haciéndolo. ¿En qué formas? Puede decirse, en modo genérico, que esto lo ha realizado directa e indirectamente a lo largo de la historia y con muchos más eventos concretos frente al único caso en contra, como es el mentado de Galileo.

Una observación interesante, hecha por el físico y teólogo de origen húngaro, Stanley Jaki (1924-2009), puede servirnos como punto de partida. ¿Por qué la ciencia en el sentido moderno del término —ya que en sentido amplio puede remontarse incluso a la civilización mesopotámica— se desarrolló en un contexto sociocultural cristiano?, ¿Por qué no nació, o si nació no se desarrolló de manera amplia en otros contextos? Jaki hace un estudio comparativo y llega a una conclusión que en su formulación tiene algo de odiosa, o de políticamente incorrecta, pero que invita a pensar. Después de estudiar el incipiente desarrollo de la ciencia dentro de las culturas mesopotámica, egipcia, china, hindú, griega, maya y árabe, concluye que en todos estos contextos culturales, sociológicos y religiosos la ciencia nació muerta o si vivió, al poco tiempo sucumbió, precisamente porque el ámbito en el cual se gestaba le era hostil. No sucedió lo mismo con el cristianismo, pues dentro de éste, efectivamente nació, se desarrolló y alcanzó su madurez y se desvinculó del contexto religioso que justamente propició su nacimiento y desarrollo (*Cf.* Woods, 2007: 105).

No era fácil que el saber científico, con la fuerte autonomía que le otorga al hombre, en cuanto gestor, y el papel primordial que concede a la libertad y la iniciativa de las personas, se desarrollara en un contexto marcadamente religioso, donde todos los sucesos del cosmos tenían una explicación en un panteón de divinidades. Tampoco fue fácil que surgiera dentro de una visión cíclica de la historia, donde todo suceso era efecto de un destino ciego y donde la libertad humana no podría ser otra cosa que una simple sensación o impresión de libertad, pero que en nada podía modificar el libreto ciego emanado por el destino o por la divinidad correspondiente. No era fácil, finalmente, que surgiera dentro de una concepción de la divinidad en la que Dios mismo trasciende a toda lógica y razón humanas

—como es el caso del mundo islámico—, de forma que sea prácticamente imposible pedirle explicaciones y que únicamente su voluntad fuera razón de todo. Más o menos en alguno o en varios de estos tres supuestos terminan cayendo las siete culturas y religiones mencionadas; mas no sucede lo mismo dentro del cristianismo.

Quizá es particularmente interesante el caso árabe, pues en un primer momento los musulmanes destacaron mucho respecto de la civilización cristiana medieval y, sin embargo, alrededor del siglo XII, se estancaron. No hay un consenso unánime que explique el fenómeno, aunque ha sido muy generalizada la opinión de que se debió a una causa teológica. En el contexto de esta obra se detecta la intromisión metodológicamente indebida de principios teológicos en el desarrollo del saber científico. Una intromisión semejante a la del caso Galileo, con la diferencia de que en la cultura islámica no contaban con las herramientas necesarias para hacer una corrección o reajuste de sus principios teológicos —como sí se hizo en el cristianismo—, precisamente por no requerirse, dentro de la religión islámica, una explicación racional de los postulados impuestos por la divinidad, pues Dios trascendería a la razón humana, y lo que importa no es tanto la razón divina como la voluntad divina, más directamente vinculada a su omnipotencia.

A partir del siglo XII, comienza el despegue medieval, el cual, lento pero progresivo, condujo de manera gradual al nacimiento de la ciencia contemporánea. Aquello puede encontrarse documentado en el trabajo de Pierre Duhem (1861-1916), uno de los fundadores de la fisicoquímica, que además cultivó la historia y la filosofía de la ciencia, en su monumental obra de 10 tomos: *El sistema del mundo, historia de las doctrinas cosmológicas de Platón a Copérnico*. En el siglo XII, comenzando por las escuelas catedralicias y más tarde con el nacimiento de las universidades, comenzó a cultivarse todo el saber humano disponible en la época de modo sistemático. Había un proyecto común en la búsqueda del saber, al igual que un lugar para hacerlo y exponerlo, además de un fecundo intercambio y enriquecimiento de conocimientos, todo ello patrocinado por la institución universitaria, de inspiración cristiana, que contaba con todo el apoyo de la autoridad papal.

¿Por qué el cristianismo, la religión católica y el Papa pudieron generar una institución como la universitaria? ¿Por qué no vieron en ella ningún peligro, sino todo lo contrario, para la religión y la fe? ¿Por qué les interesaba promoverla, de forma que multitud de hombres de fe —religiosos dominicos y franciscanos— llenaron las cátedras universitarias?

La causa de lo anterior es muy profunda y, por decirlo de algún modo, está en la genética del cristianismo, en su identidad más profunda, por lo menos en su versión católica. Como bien lo ha expresado Joseph Ratzinger (1927-2022) primero, y ya después Benedicto XVI, en sintonía con Juan Pablo II en la carta encíclica *Fides et Ratio*: la religión cristiana es la religión de la razón. ¿Por qué? Porque el Dios cristiano es —en frase de la Sagrada Escritura, en concreto del Prólogo del Evangelio de san Juan— Logos, o sea, Palabra, Razón (*Cf.* Benedicto XVI, 2006: 5).

El Dios judeocristiano conoce, por decirlo así, tres "definiciones bíblicas" que se complementan. En Éxodo 3, 14, Dios se define como "el que es", el mismo ser subsistente, es decir, utiliza categorías metafísicas, a la par que históricas ("Yo soy el Dios de Abraham, de Isaac y de Jacob"), para decir quién es. En Juan 1, 12, se define como logos ("En el principio era el Verbo, y el Verbo estaba ante Dios, y el Verbo era Dios. Él era en el principio junto a Dios"), lo que quiere decir: razón, verbo y palabra. Todas estas definiciones expresan racionalidad, de forma que la razón no es algo extraño a Dios, ni Dios está por encima de ella, sino que se identifica con la razón y la verdad en su más puro origen (aquí habría que completar con la auto definición de Jesús en Juan 14, 6: "Yo soy el camino, la verdad y la vida"). Más tarde, por lo menos cronológicamente en su redacción, encontramos la definición de la primera carta de san Juan (1 Juan, 4, 8), que completa las dos anteriores en forma armónica: "Dios es amor".

Para decirlo llanamente: la razón no es extraña a la fe y a la religión en cuanto Dios mismo es Razón y Verdad, y en cuanto Él comunica de forma libre esa razón a los hombres. La religión cristiana no exige el holocausto de la razón en el altar de Dios, sino el ejercicio de ésta para manifestar su gloria, servirle y completar su obra. En efecto, desde la perspectiva cristiana, el mundo no emergió acabado desde las manos de Dios, sino que continúa en estado de vía, es decir, en camino constante hacia una perfección ulterior. Es entonces cuando el hombre —porque así Dios lo ha querido— se asocia, con el fruto de su ingenio y de sus manos, a esa acción creadora; ha recibido el encargo de completar lo que Dios ha dejado incoado. De hecho, el Catecismo de la Iglesia católica sostiene: "La creación tiene su bondad y perfección propias, pero no salió plenamente acabada de las manos del creador. Fue creada en estado de vía hacia una perfección última todavía por alcanzar" (n. 302). La fe cristiana ofrece, entonces, un fundamento teológico para el desarrollo de la ciencia y la tecnología; estas últimas en ningún momento le resultan extrañas o ajenas, sino al contrario, son manifestación de la sintonía del hombre con el querer divino.

Esto es así ya desde el Antiguo Testamento, desde los primeros libros de la Biblia. El libro del Génesis, por ejemplo, nos transmite el primer encargo divino a la humanidad, representada en aquel momento por Adán y Eva: "Creced y multiplicaos, llenad la tierra y sometedla" (Génesis 1, 28). En consecuencia, todo el posterior desarrollo de la ciencia y tecnología, rectamente usadas, está no sólo bendecido, sino mandado por Dios mismo al hombre. De ahí se entiende que para la tradición judeocristiana resulte natural tanto confiar en la propia razón, que al decir de san Josemaría es un "chispazo de la inteligencia divina" (Escrivá de Balaguer, 2013: n. 24), como tomar en serio la libertad personal en cuanto artífice de un mundo mejor o peor, liberándose, así, de la férrea tiranía del destino ciego que dominaba a los panteones de las otras religiones y sus cosmologías.

En síntesis, la razón tiene su fuente en Dios y Él graciosamente la comunica a la creatura, no tiene recelo de ella; ni teme que, al desarrollar su capacidad intelectual, el hombre se emancipe de su Hacedor, sino todo lo contrario. Al desarrollar su ingenio, el hombre da más gloria a Dios —que al fin y al cabo es su artífice— y descubre las reglas y el funcionamiento de lo que él no ha creado. Simultáneamente, al desarrollar su razón y transformar con ella el mundo, cumple un concreto mandato divino. Se derriba aquí, por principio, una vieja suposición de corte cientificista que tiene su raíz en la Ilustración (siglo XVIII). Pensar que la religión es fruto de la superstición y la ignorancia, de forma que, a mayor desarrollo de la razón, quedaría menos espacio a Dios y lo religioso, en cuanto explicación de los fenómenos del mundo. Así, cuando el hombre sea capaz de explicarlo todo con su inteligencia, no quedará espacio para Dios ni la religión, los cuales no tendrían más que un carácter provisional. Esto sería verdad únicamente en el otro grupo de las religiones, es decir, en aquellas que pretenden explicarlo todo recurriendo a una intervención sobrenatural, o para las que la libertad humana no existe o no pasa de ser una sensación subjetiva. Nada de esto sucede en la perspectiva judeocristiana, pues Dios no compite con el hombre, ni está celoso de él, sino que gratuitamente le comparte su saber y le encarga el dominio y la transformación del mundo.

"Dios ordenó todas las cosas por su medida, su número y su peso" dice el Libro de la Sabiduría (11,21). Es decir, existe un orden en el universo, orden que podemos comprender y la razón es el medio que tenemos para hacerlo. No es entonces, un añadido artificial a la fe el ejercicio de la razón, sino, por el contrario, es una exigencia de aquélla. Al mismo tiempo, la fe respeta los límites de su ámbito, de forma que no se pueden dirimir en el foro de la fe los problemas de la razón, ni viceversa. Cuando no se tiene cuidado en ello comienzan los problemas, como lo fue en el caso Galileo, pero también en algunas aseveraciones de científicos contemporáneos, como Stephen Hawking (1942-2018), que extrapolaron algunas de sus hipótesis científicas para concluir la no necesidad de Dios, sin descubrir que se movían en niveles y ámbitos diversos.

Estos principios generales, este marco conceptual, este "*humus* cristiano" hicieron posible que naciera y se desarrollara el saber científico. Dicho "*humus*" se caracteriza por una gran confianza en Dios, en la razón y la libertad y capacidad del hombre, es decir, ofrece una visión positiva y esperanzada del mundo. Pero no sólo alentó la Iglesia a la investigación científica como "a larga distancia", sino que la impulsó muy directamente, como se ha visto antes, mediante las universidades. A veces, se considera que en ellas se tomaba en cuenta únicamente otro tipo de saber, en concreto el filosófico-teológico. Es verdad que tenía la primacía, y que el conocimiento científico como tal —siempre en el sentido moderno— no se había elaborado, pero de nuevo nos encontramos delante de un tópico poco exacto, cuando no injusto, hasta el punto que el físico Pierre Duhem llega a afirmar: "La ciencia mecánica y física de la que se enorgullecen justamente los tiempos modernos emanan de una serie ininterrumpida de perfeccionamientos apenas sensibles, provenientes de las doctrinas profesadas en el seno de las escuelas de la Edad Media" (Duhem, 1905: 4 [la traducción es nuestra]).

Sin pretender hacer una enumeración exhaustiva, se podrían mencionar los siguientes nombres de pensadores que, de una forma u otra, quizá incipientemente, cultivaron un saber que poco a poco desembocaría en la ciencia en sentido moderno: san Alberto Magno, Raimundo Llul, Roger Bacon, Nicolás de Oresme, Jean Buridan, entre otros. A continuación, mencionaremos brevemente algunos casos y su paso por la investigación:

Robert Grosseteste (1175-1253)

Fue canciller de Oxford y obispo de Lincoln. Tuvo el inmenso mérito de invitar a sabios bizantinos a establecerse en Inglaterra para traducir libros clásicos del griego. Se interesó además por la óptica y propuso una explicación para el arcoíris.

Roger Bacon (1214-1294)

Fue discípulo de Grosseteste y el primero que propuso en la Edad Media el método experimental como medio para conocer la naturaleza, poniendo el énfasis en la experiencia, la experimentación y las matemáticas en pleno siglo XIII, es decir, la edad dorada de la escolástica. Es considerado por ello uno de los primeros pensadores que impulsaron el método científico moderno. En efecto, se dio cuenta de que en el ámbito físico no era pertinente la argumentación intelectual al estilo aristotélico, sino más propio de ese saber la experimentación, a la que unió las matemáticas. Bien puede considerársele, en este sentido, no sólo padre del empirismo, sino incluso de la ciencia moderna, pues propuso los mismos "ingredientes" que utilizaría Galileo cuatro siglos más tarde; fue innovador también por afirmar que la Tierra es redonda y se puede circunnavegar. Realizó trabajos de óptica y alquimia. Debido, sin embargo, a su talante orgulloso y a las controversias de la época, tuvo ciertas polémicas con las autoridades religiosas. Aunque, ello no impidió que, de forma incipiente, en Inglaterra siguiera desarrollándose su forma de interrogar la naturaleza.

Raimundo Llul (1232-1315)

Fue también un sabio del siglo XIII, quien cultivó muchos aspectos del saber disponible en su tiempo, es decir, fue un prodigio a carta cabal. Se caracterizó también por ser uno de los pocos pensadores que siguieron la estela de Bacon (como él, era franciscano, aunque de la orden tercera), publicó algunas obras de carácter científico y un tratado de astronomía. Quizá su obra más importante en este sentido sea la titulada *Árbol de la ciencia*, donde intenta agrupar armónicamente todos los diversos conocimientos existentes en esa época.

Según muchos estudiosos de su obra, Raimundo Llul fue un visionario que se adelantó por siglos a diversos descubrimientos científicos, sin que pueda esto quedar convenientemente asentado, debido al carácter "misterioso" de su pensamiento, mezclado en ocasiones con elementos de magia y alquimia. En síntesis, le faltaba un método claro de exposición. Por ejemplo, describe la gravedad en 1304, mientras que Newton publica en 1687 la ley de la gravitación universal. También estudia el uso de la memoria y la imaginación en los animales, adelantándose siglos a investigaciones de ese género.

Jean Buridan (1300-1358)

En pleno siglo XIV, Buridan puede considerarse claro precursor de los planteamientos de Copérnico, Galileo y Newton, al desarrollar la teoría del *ímpetus* o inercia. Con ella buscó explicar el movimiento, al plantear que dicho *ímpetus* es proporcional a la masa y a la velocidad impuesta por el agente del movimiento, manteniendo al móvil en su estado de movimiento sin necesidad de otras acciones posteriores. Junto con estudios de mecánica y cinemática desarrolló también otros de óptica, donde intentaba explicar la formación de las imágenes sirviéndose siempre de la experiencia.

Nicolás de Oresme (1323-1382)

Se encuentra en la línea de Buridan, pero una generación posterior en pleno siglo XIV. Como Llul, fue también un pensador universal y uno de los claros precursores de la ciencia moderna. Quizá su problema haya sido la poca difusión de sus doctrinas y su falta de continuidad, es decir, hacer escuela, ya que parece una isla dentro de todo el inmenso panorama del pensamiento de su época. En realidad, muchos de los planteamientos de los pensadores científicos modernos ya se encuentran en sus investigaciones.

Oresme, antes que Giordano Bruno y sin recibir ningún tipo de condena, sino todo lo contrario (era obispo de Lisieux y consejero de Carlos V de Francia), especuló sobre la posibilidad de que hubiera otros mundos habitados en el espacio. Siempre en terreno astronómico demostró que las razones clásicas de la física aristotélica contra el movimiento de la Tierra no eran válidas, invocando el argumento de la simplicidad o "Navaja de Ockam", de forma que sería más "económico pensar" que es la Tierra la que se mueve, y no los cuerpos celestes. Asoció esta idea con la teoría de *ímpetus* de su maestro Jean Buridan, la cual desarrolló aun más, al introducir un método para mostrar de forma gráfica las velocidades y con ello representó el movimiento uniformemente acelerado. El argumento de Oresme a favor del movimiento terrestre parece más explícito y claro que el proporcionado dos siglos después por Copérnico.

Por otro lado, descubrió la curvatura de la luz a través de la refracción atmosférica, aunque por "hacerlo antes de tiempo", es decir, no en el contexto del *boom* de la ciencia moderna, se haya atribuido este descubrimiento a Robert Hooke (1635-1703). De igual forma, realizó aportaciones dentro del incipiente saber económico. Sostuvo que el dinero es un producto originario del mercado y no del Estado; una mercancía más y no sólo un medio de intercambio. Afirmó que la inflación es producto de la falsificación de la finura de los metales causada por la nacionalización del dinero hecha por la autoridad política. Dicha teoría tiene puntos en común con otras teorías económicas elaboradas siete siglos después.

La tradición de pensamiento iniciada por Grosseteste y Bacon se desarrollaría aun más durante el siglo XVI en Oxford, especialmente gracias a Thomas Bradwardine (1290-1349) con su trabajo sobre la re presentación matemática del movimiento y a William Heytesbury (1313-1373) con su teorema de la velocidad media, mejor conocido como "teorema del Merton College", el cual desempeñó un papel importante en la formulación de la ley de la caída de los cuerpos, desarrollada tres siglos más tarde por Galileo.

De la misma manera, los Calculatores de Oxford (Bradwardine y Heytesbury), junto con los Físicos de París (Buridan y Oresme), ambos grupos de pensadores del siglo XIV, pueden considerarse los antecedentes inmediatos de Galileo y en cierta medida de la ciencia moderna. En efecto, la aportación científica más importante de Galileo fue la descripción matemática de la caída de un cuerpo como un movimiento uniformemente acelerado, pues fue la llave que permitió la matematización de las leyes de la naturaleza, característica de la ciencia moderna. Pero esta misma doctrina fue enseñada por el dominico español Domingo de Soto (1494-1560) en 1522 en la Universidad de Alcalá y publicada en 1551 en Salamanca (Galileo la publicó apenas en sus *Discursos y demostraciones sobre dos nuevas ciencias* de 1638, aunque la descubrió en torno a 1609). Parece que Galileo conoció la doctrina de De Soto, pues en el Colegio Romano de los Jesuitas se enseñaban las teorías de los Calculatores de Oxford y de los Físicos de París. Los que introdujeron estas enseñanzas en el Colegio Romano fueron los jesuitas Francisco de Toledo (1532-1596) y Francisco Suárez (1548-1617), ambos discípulos de Domingo de Soto en Salamanca, y que llevaron su teoría a Italia, donde las conoció Galileo. De ello existe documentación histórica en dos textos manuscritos de Galileo en su época de profesor en Padua (1592-1610).

Todo lo anterior explica que autores poco sospechosos de tener inclinaciones apologéticas como Thomas Khun (1922-1996) y Alfred North Whitehead (1861-1947), hayan podido afirmar, "la fe en las posibilidades de la ciencia, engendrada con anterioridad al desarrollo de la teoría científica moderna, es un derivado inconsciente de la teología medieval" (Kuhn, 1978: 171). La historiografía científica contemporánea, fuertemente influida por Alexandre Koyré (1892-1964), que hace hincapié en "la absoluta novedad" del movimiento científico moderno, debe ser revisada. No es tan clara o tan acentuada la discontinuidad entre pensamiento medieval y ciencia moderna.

Las universidades y la religión

En el parágrafo anterior ha quedado sentado cómo la fe cristiana, principalmente en su versión católica, tiene los principios que facilitan y motivan el desarrollo del saber científico. Después se ha visto cómo, a pesar de la opinión generalizada, ese saber científico encuentra sus raíces en la Edad Media (época profundamente cristiana) y es cultivado por hombres de Iglesia, como Bacon, Llul, Buridan y Oresme. Ahora bien, antes de hacer un breve elenco de científicos cristianos y católicos, que han intervenido directamente tanto en el nacimiento de la ciencia como en su desarrollo hasta la actualidad, viene bien hacer una breve mención al origen de la institución que será principalmente la encargada de cultivar todo el saber humano hasta nuestros días: la universidad, la cual, aunque resulte reiterativo, tiene un origen católico (en este caso, no cristiano, pues la otra versión que existía en la época del cristianismo, la Iglesia ortodoxa, no produjo nada semejante).

El antecedente inmediato de las universidades son las escuelas catedralicias. Pero antes que ellas es preciso resaltar la labor de compilación del saber realizada por los monasterios medievales. En efecto, ellos se encargaron de recopilar, salvándolos de la barbarie, en el sentido más literal del término, todos los vestigios de la cultura grecolatina que pudieron encontrar. Su labor fue recopilar, copiar y transmitir esos contenidos, de forma que no se perdiesen y la humanidad tuviera que recomenzar la cultura prácticamente desde cero.

Si bien la Alta Edad Media no produjo grandes desarrollos intelectuales, sí tuvo la sensibilidad, gracias al monacato y particularmente a figuras como san Benito (480-547), de conservar los tesoros del saber que les habían precedido. Ya antes, en el ocaso de la Edad Antigua y el inicio de la Edad Media, hubo pensadores de honda inspiración cristiana, como Boecio (480-525) y Casiodoro (485-580), que realizaron un auténtico plan de estudios para el hombre medieval, de forma que quienes podían dedicarse a esta actividad (prácticamente sólo hombres de Iglesia), realizaban sus estudios sobre la estela de los saberes clásicos.

Organizaron los estudios estructurados en el famoso *triuvium* (gramática, retórica y lógica) y *cuadrivium* (aritmética, astronomía, geometría y música), como propedéuticos en el más genuino sentido platónico, del resto de saberes más elevados. Estos serían la filosofía práctica y especulativa respectivamente, y la teología. Así se cubría la totalidad del saber existente en ese momento.

Gran parte de lo que es hoy la humanidad, y concretamente Occidente, se debe a esta ardua y callada labor de los monjes medievales que, si bien no resalta demasiado, ha sido indispensable para la transmisión del saber. Sobre esta labor, concretamente en la Edad Media, comienzan su trabajo las escuelas catedralicias. Destaca entre ellas la de Chartres, fundada por san Fulberto (960-1028) en los albores del siglo XI, que tuvo su apogeo durante el siglo XII. Allí se cultivaron tanto el *trivium* y *cuadrivium*, es decir, el programa de estudios medievales establecido por Boecio y Casiodoro al comienzo de la Edad Media, muy particularmente la filosofía y, sobre todo, la teología. Sin embargo, estas instituciones se entendieron a sí mismas como una escuela, es decir, un lugar donde un conjunto de personas, no de forma aislada, cultivaban y transmitían el saber disponible de su tiempo. Esa fue la semilla que germinó más tarde en las universidades y, dentro de estas últimas, poco a poco —como vimos en los ejemplos de Bacon, Buridan y Oresme, todos ellos ligados a la universidad, ya sea de Oxford o de París—, el saber fue desbordando de manera estricta lo teológico-filosófico, para dar cabida a lo propiamente científico o, por lo menos, al estudio observacional y experimental de la naturaleza.

Una breve reseña histórica puede ser útil para ubicarnos en el tiempo y el espacio. Tradicionalmente, se considera como primera universidad a la de Bolonia, surgida a partir de su escuela de Derecho, la cual funcionaba desde principios del siglo XII. Pero, en realidad, la universidad en sentido pleno surge con la de París, que va a tener todos los elementos propios de esta institución medieval: cultivará todos los saberes disponibles en su tiempo; tendrá autonomía frente a la autoridad política y sus estudios adquirirán valor por mandato papal. Aquello evidenciaba una cierta dependencia del papa, la cual exonera de intromisiones políticas locales (esto último evolucionará y será fuente de tensiones). En agosto de 1215, el legado pontificio dio los estatutos a la universidad, que establecieron su régimen y la organización docente. Este hecho fue propiamente su acta de nacimiento.

El antecedente inmediato de la Universidad de París será la Escuela de París, más concretamente la Escuela de Notre Dame, a la que, al final del siglo XI, comenzaron a llegar jóvenes estudiantes. Se sabe que por esa época hizo su arribo Pedro Abelardo a París. De igual forma, Guillermo de Champeaux (1070-1121) instaló su escuela en la ciudad, y conoció un gran auge gracias a las famosas disputas sobre los *universales*.

Después vendrán las de Oxford (1214), Salamanca (1218), Cambridge (1236- 1254), Coímbra (1290), entre otras. A partir de ahí se difunde el fenómeno universitario, pero cabe destacar que, en ellas, durante siglos y de forma ininterrumpida, se ha cultivado el saber. La mayoría se han independizado de su matriz eclesiástica, pero algunas no pueden excluir, ni siquiera en sus nombres, sus orígenes cristianos, como puede observarse, por ejemplo, en el nombre que tienen algunos Colleges de Oxford: Todos los santos, Iglesia de Cristo, Corpus Christi, Jesús, santa Ana, san Antonio, san Benito, santa Catarina, santa Cruz, san Edmundo, santa Hilda, san Hughs, san Juan, san Pedro, san Esteban y Trinidad (los nombres originales están escritos en inglés o latín). Indudablemente la que tendrá hegemonía cultural tanto en la baja Edad Media como en el Renacimiento, será la Universidad de París; quitándole, tal vez, un poco de protagonismo, la de Salamanca a mediados del siglo XVI.

Lo importante aquí es comprender la misión de la universidad como lugar de cultivo del saber. Independientemente del origen, de la lengua materna, de las ideas políticas —en la Universidad de París se dieron fuertes enfrentamientos por este motivo—, lo importante es el cultivo del saber, de todo saber sin excluir ninguno. Además, por lo menos en su origen, existió un continuo y fecundo intercambio de conocimientos dentro del claustro de profesores, así como también disputas y debates públicos entre ellos. Es decir, se respiraba una auténtica y serena búsqueda común de la verdad, y toda la institución universitaria fomentaba tanto esa búsqueda como el intercambio de conocimientos.

La presencia y preponderancia de la religión no significó nunca un freno para este afán de saber. Incluso, cuando la autoridad eclesiástica quiso imponer algunas limitaciones con el afán de defender la doctrina ortodoxa, ello no supuso menoscabo para el conocimiento científico. Así, por ejemplo, las condenas al aristotelismo por parte del obispo Esteban Tempier (+1279) de París en 1270 y 1277 no impidieron que se desarrollaran más adelante los estudios aristotélicos, y si acaso influyeron negativamente fue en el ámbito filosófico, pues tardó más en implantarse el pensamiento de santo Tomás (1224/5-1274). Sin embargo, y es oportuno citarlo en este contexto, para Pierre Duhem, estudioso de historia de la ciencia, tales condenas constituyen un auténtico hito en el desarrollo científico, hasta el punto de "proponer el 7 de marzo de 1277, día en que fue promulgado el decreto en el que se condenan 219 proposiciones del averroísmo aristotélico, como fecha fundacional de la ciencia moderna" (Artigas, 2009: 93). ¿Por qué? Porque en ellas se censuraba la posición que sostiene que todo lo que sucede en el mundo ocurre de modo necesario y, por lo tanto, Dios no pudo crear un mundo diferente del existente. Por ello, "La insistencia en la libertad de Dios al crear y, por tanto, en la contingencia del mundo, subraya que no podemos deducir por meros razonamientos, prescindiendo de la observación empírica, cómo es el mundo y, por tanto, estimuló el estudio empírico del mundo" (Artigas, 2009: 93).

Científicos prominentes cristianos

Después de haber mostrado cómo la base doctrinal cristiana ofrece un fundamento sólido para que pueda desarrollarse cómodamente el pensamiento científico, y que sea de esa forma sustrato cultural favorable al cultivo de conocimientos, búsqueda de la verdad y transformación del mundo. También hemos constatado cómo efectivamente esa búsqueda se inició durante la Edad Media, al comienzo mediante monasterios, más tarde de escuelas catedralicias y por último de universidades, las cuales han pervivido y difundido masivamente ese legado y espíritu a la humanidad hasta la actualidad. De igual manera, verificamos cómo los primeros esbozos de pensamiento crítico y de espíritu experimental científico propio de la modernidad ya se dieron durante la Edad Media, y por parte de hombres de Iglesia. Ahora queda hacer, sin demasiadas pretensiones exhaustivas, pues felizmente es amplísimo, un elenco de científicos cristianos todos, católicos en su mayoría, con el fin de mostrar de forma evidente que la supuesta oposición entre fe y religión católica no es sino una abstracción, pues la realidad incontestable desmiente tal supuesto.

Es lugar común afirmar que el nacimiento de la ciencia moderna puede enmarcarse en el arco de años que van de Nicolás Copérnico a Isaac Newton, pasando por Galileo. Cabe aclarar que prácticamente todos los representantes de este cambio de época son cristianos, y un buen porcentaje de ellos católicos. El primer iniciador de lo que después se llamaría la revolución copernicana, es decir, el cambio cultural que quitaría al hombre del centro del universo para relegarlo cada vez más a la periferia, y cuya expresión quedaría como modelo de cualquier cambio cultural drástico en la historia de la humanidad, sería, por supuesto, Nicolás Copérnico.

La biografía de Copérnico está enormemente influida por la Iglesia, hasta el punto que no se entiende su vida, y mucho menos sus descubrimientos, sin el apoyo de ella. A los 10 años de edad quedó huérfano, fue después acogido por un tío suyo, obispo. Gracias al apoyo de su tío, pudo tener la mejor formación académica en algunas de las universidades más prestigiosas de aquel tiempo, como la de Padua y la de Cracovia.

Gracias al apoyo que recibía de la Iglesia, este sabio nunca tuvo que preocuparse de problemas económicos; pudo dedicarse con paz y sosiego, primero al estudio y más tarde a la observación del firmamento. Morirá su tío, pero obtendrá diversos encargos, entre ellos el de la administración de los bienes económicos de la diócesis. No está claro si fue sacerdote, aunque sí se sabe que fue clérigo (es decir, recibió alguna de las llamadas anteriormente "órdenes menores").

En cuanto a su vida en medio de sus investigaciones se tiene abundante documentación. Copérnico observará y anotará pacientemente las posiciones del Sol, las estrellas, los planetas, eclipses, etc. Su última anotación del firmamento data del 12 de marzo de 1529, pero el primer ejemplar de la obra en la que recoge toda esa información sólo llegará a ver la luz el día de su muerte, fechado en 24 de mayo de 1543.

¿Por qué tardó en publicar Copérnico? Al parecer advirtió que sus observaciones podían modificar el modo de entender el mundo y la cultura de su tiempo, como en efecto sucedió, y era consciente de que no podía demostrar cabalmente lo que proponía. Sin embargo, en ningún momento estuvo en su mente la idea de que aquello podría ir contra la verdadera fe, hasta el punto de dedicar su libro al papa Pablo III, y el texto aparece con una aclaración de Andreas Osiander (1498-1552), de forma que no supusiera peligro para la fe de nadie.

De Galileo ya hemos hablado. Fue un hombre de fe y al mismo tiempo un hombre de ciencia. Su carácter era además muy fuerte y buscaba la confrontación; si tenía algún rival no descansaba hasta derrotarlo. Debido a ello en parte se metió en líos, y seguramente también su forma de ser lo hizo sufrir bastante. Tuvo, sin embargo, muy firme la fe, en ningún momento la debilitaron sus estudios científico-experimentales, ni las lamentables controversias que sostuvo con la Inquisición. Un ejemplo elocuente de esta última afirmación lo encontramos en una carta, escrita desde su encierro domiciliario en Arcetri, a un amigo suyo llamado Niccoló Fabri di Peiresc, el 21 de febrero de 1635, es decir, poco tiempo después de la condena inquisitorial:

> Tengo dos fuentes de consuelo perpetuo. Primero, que en mis escritos no se puede encontrar la más ligera sombra de irreverencia hacia la santa Iglesia; y segundo, el testimonio de mi propia conciencia que sólo yo en la Tierra y Dios en los cielos conocemos a fondo. Y Él sabe que en esta causa por la cual sufro, aunque muchos hayan podido hablar con más conocimiento, ninguno, ni siquiera los Santos Padres, han hablado con más piedad o con mayor celo por la Iglesia que yo (Artigas, 2007: 349-350).

Además, Galileo, sin buscarlo expresamente, hizo valiosísimas aportaciones a la fe a partir de su reflexión sobre el dato científico: mostró una verdad básica sobre el modo de interpretar las Sagradas Escrituras, que será recogida solemnemente por el Concilio Vaticano II tres siglos después: la Biblia nos enseña verdades para nuestra salvación, no verdades científicas, ni geográficas, ni históricas; aunque pueda contener muchas de estas verdades, no es su función transmitirlas, y no están protegidas por la inerrancia atribuida al texto revelado. Es decir, como admirable y sencillamente lo expresó en su *Carta a la gran duquesa de Lorena*, "la Biblia no nos dice cómo es el Cielo, sino cómo se va al Cielo".

Siglos más tarde, concretamente en el XIX, vería la luz un fraile agustino que se convertiría con el tiempo en el padre de la genética, Gregor Mendel (1822-1884). En efecto, aunque elaboró las famosas "leyes de Mendel", pasó muy inadvertido en vida; a pesar de haber presentado el resultado de su investigación en 1866, no fue suficientemente tomado en cuenta. Sin embargo, con gran honradez intelectual, en 1900, Hugo de Vries (1848-1935), Carl Correns (1864-1933) y Erich von Tschermak (1871-1962), descubrieron por separado las mismas leyes, y lejos de apuntarse el tanto, reconocieron que más de 30 años antes ya las había descubierto ese oscuro y oculto fraile agustino, a quien póstumamente le otorgaron los méritos de la investigación.

Sobra decir que la genética ha sido una de las áreas del conocimiento científico que más se han desarrollado en los siglos xx y xxi y, sobre todo, de las que más prometen resultados útiles para la vida humana. La teoría de la evolución necesita absolutamente de la genética para ser completada. Sin ella, no puede ofrecer explicaciones convincentes de muchos procesos, como bien lo vieron los creadores de la "teoría sintética de la evolución" en los años cuarenta del siglo xx.

Otro hombre de Iglesia que logró un aporte fundamental a la ciencia contemporánea fue el padre Georges Lemaître (1894-1966). Se trata de un sacerdote belga, que además era matemático y especialista en la "teoría cuántica". El 9 de mayo de 1931, publicó en *Nature*, una revista científica de relieve internacional, el artículo titulado "El comienzo del mundo desde el punto de vista de la teoría cuántica", en el cual, por primera vez, lanzaba la hipótesis de que el universo actual tuvo su origen en un pequeño "átomo primitivo".[1] En efecto, al observar, gracias a la "Ley de Hubble" que el universo está en expansión, en el pasado, este mismo universo debió de haber ocupado un espacio cada vez más pequeño, y así sucesivamente, hasta que en algún momento todo el universo actual se habría encontrado contenido en una especie de "átomo primitivo".

Lemaître publicó más tarde el libro *La hipótesis del átomo primitivo* (1946), de este modo bautizó así su teoría del átomo primitivo. Sin embargo, no fue este nombre el que alcanzó popularidad y, como sucede a veces,

---

[1]   Anteriormente, en 1927, había publicado un artículo donde sostenía que el universo está en expansión: "Un universo homogéneo de masa constante y radio creciente que explica las velocidades radiales de las nebulosas extragalácticas" (Riaza, 2010: 54).

ello se debió a las críticas que desató. En efecto, su propuesta tuvo una hostil acogida por parte de la comunidad científica. Ni siquiera científicos como Albert Einstein (1879-1955) —hecho que después lamentó— lo apoyaron, pues pensaban que en el fondo quería "colar" en la ciencia el principio religioso de la Creación del Mundo. De hecho, con tono sarcástico, comentando su teoría, Fred Hoyle (1915-2001), otro cosmólogo, se refirió a ella de manera despectiva como la teoría del Big Bang (Gran Explosión), y obviamente ofreció la suya, la "teoría del estado estacionario" como una mejor alternativa. Resultó que este nombre, Big Bang, tuvo más efecto mediático y pasó así a rebautizar la hipótesis de Lemaître. Años después, en 1964, Arno Penzias (1933) y Robert Woodrow Wilson (1936) descubrieron accidentalmente la radiación de fondo del universo y confirmaron con ello la hipótesis de Lemaître.

El rechazo de la teoría —más tarde verificada— de Georges Lemaître es un claro ejemplo de que los científicos no son un oráculo, sino hombres, y por más geniales que puedan ser, como Einstein, pueden caer en prejuicios y errores. La teoría del átomo primitivo se enfrentó no a una serie de argumentos científicos, sino a una serie de prejuicios que algunos científicos tenían contra la fe, o por lo menos, contra los hombres religiosos. Muy probablemente, si esta teoría hubiera sido propuesta por un científico no religioso, ateo incluso, hubiera tenido entonces mayor aceptación.

Paradójicamente, ni en el artículo, ni en el libro de Lemaître se ofrecen argumentos religiosos, sino puramente científicos. Es decir, el problema no era lo que afirmaba, sino quién lo afirmaba y ni siquiera eso, sino la ocupación de quien lo afirmaba: un sacerdote, un hombre de religión. Se trata otra vez de un claro ejemplo de cómo no podemos soslayar el factor humano, propiamente los prejuicios antirreligiosos de los científicos, que siempre han jugado un papel en la historia del saber humano, y en ocasiones como ésta, lo entorpecen.

Existe una anécdota muy hermosa, que expresa con nitidez cómo estos prejuicios se han dado frecuentemente en la historia. Sucedió años antes de los sucesos apenas mencionados, pero es muy aleccionadora:

Cierta vez, un joven subió a un tren y se sentó frente a un anciano que estaba rezando el Rosario. Se entabló una conversación y el joven explicó que no necesitaba prácticas supersticiosas como el Rosario, pues él iba a ser un científico. El anciano lo miró, perplejo y un poco dolido. Momentos después, el paradero del joven se acercaba, por lo que pidió la tarjeta del hombre de edad avanzada para después hablarle más sobre ciencia. Al día siguiente, el joven científico sacó la tarjeta, dispuesto para educar más al anciano. La tarjeta decía: "Louis Pasteur, Profesor y Decano de la Facultad de Ciencias, Universidad de París" (Hahn y Flaherty, 2007: 95-96, [la traducción del original es nuestra]).

Más recientemente, al ser entrevistado por un periodista sobre las relaciones entre ciencia y fe, Carlo Rubbia (1934), premio Nobel de Física en 1984 respondió de la siguiente forma:

Cuando observamos la naturaleza, quedamos siempre impresionados por su belleza, su orden, su coherencia... Cuando un profesional como yo vuelve a estudiar el mismo fenómeno de forma más concreta, estos sentimientos se acentúan extraordinariamente... Hemos descubierto una muy precisa y ordenada imagen de nuestro mundo. Para mí está claro que esto no puede ser consecuencia de la casualidad. No puedo creer que todos estos fenómenos, que se unen como perfectos engranajes, puedan ser resultado de una fluctuación estadística o una combinación al azar. Hay, evidentemente, algo o alguien haciendo las cosas como son. Vemos los efectos de esa presencia, pero no la presencia misma. Es éste el punto en el que la ciencia se acerca más a lo que yo llamo religión, sin que me esté refiriendo a ninguna religión concreta (Artigas y Turbón, 2008: 106).

Otro gran hombre de ciencia, que no encubrió sus convicciones religiosas, sino todo lo contrario, fue Francis Collins (1950). Quizá no las oculta, ya que como converso nota una creciente hostilidad hacia el fenómeno religioso por parte de amplios sectores del saber científico, y porque es converso. Comenzó su camino científico siendo ateo, y fue a través de su vocación científica como se encontró con la fe, en este caso no católica, sino cristiana.

Collins ha pasado a la historia de la ciencia al dirigir de 1999 a 2008 el Proyecto Genoma Humano, cuya secuencia pudo presentar a la comunidad científica internacional en el año 2003. Es decir, para decirlo coloquialmente Collins y su equipo de científicos de 18 países han descifrado "el código de la vida". Además, no se ha quedado sólo en la contribución científica, sino que ha puesto particular atención a las inevitables consecuencias para la vida humana que ese descubrimiento representa, como él mismo afirma en una entrevista hecha en 2007: "Uno de los objetivos del proyecto ha sido considerar las implicaciones éticas, legales y sociales de los rápidos avances en la investigación genética" (Tendencias 21, 2007: 3). En ese sentido ha dado la batalla por defender la privacidad de la información genética, para evitar así todo tipo de discriminación con base en los genes. También se ha preocupado en fomentar líneas de investigación del genoma que beneficien a países en vías de desarrollo. Es decir, no sólo se ha preocupado por la ciencia, sino por el hombre, destinatario y usufructuario de ese saber; no es únicamente un científico, antes que todo es un hombre.

El genoma humano es el genoma del *Homo sapiens*, es decir, la secuencia de ADN (ácido desoxirribonucleico) contenida en 23 pares de cromosomas en el núcleo de cada célula humana. De los 23 pares, 22 son cromosomas autosómicos y un par determinante del sexo (dos cromosomas X en mujeres y un cromosoma X y Y en hombres). El Proyecto Genoma Humano produjo una secuencia de referencia usada en todo el mundo en las ciencias biomédicas. La secuencia de ADN que conforma el genoma humano contiene codificada la información necesaria para la expresión, altamente coordinada y adaptable al ambiente, del conjunto de las proteínas del ser humano. Las proteínas, y no el ADN, son las principales biomoléculas. Poseen funciones estructurales, enzimáticas, metabólicas, reguladoras, entre otros. Se organizan en enormes redes funcionales de interacciones. En definitiva, el genoma fundamenta la particular morfología y funcionalidad de cada célula. Del mismo modo, la organización estructural y funcional de las distintas células conforma cada tejido y cada órgano y, finalmente, el organismo vivo en su con junto. Así, el genoma humano contiene la información básica necesaria para estudiar el desarrollo físico de un ser humano.

Collins también ha pasado a la historia por defender que ciencia y fe son compatibles al publicar el importante libro *Cómo habla Dios. La evidencia científica de la fe* (2007), donde muestra cómo pueden establecerse bases racionales para hablar de un Creador y cómo la evidencia científica puede conducir a la fe. En su texto toma distancia de términos como *diseño inteligente* y *creacionismo* (los cuales estudiaremos con mayor detenimiento más adelante). Por ahora basta decir que el primero puede considerarse como una interpretación filosófica de determinados datos científicos, mientras que el segundo es el producto de una lectura fundamentalista de los avances científicos, que no puede ser calificado sino como pseudociencia. Es claro que la consecuencia de esa calificación deja muy mal parada a la religión, en este caso en su versión cristiana fundamentalista.

El renombrado científico prefiere intentar otro camino para casar ciencia y fe, explorando lo que llama *creación evolutiva o evolución teísta*. En el fondo, es una forma de armonizar la creación de Dios y la evolución suficientemente documentada por la ciencia. Dios sería una especie de "primer motor" en el sentido aristotélico, al que prefiere llamar *BioLogos*.

De esta forma, ha tomado la determinación de promover en ámbito científico la armonía entre los dos tipos de saberes, el científico y el religioso, y mostrar cómo son conmensurables ambos horizontes. Esto se concretó al fundar una asociación llamada BioLogos Foundation. Ha demostrado incluso una actitud humilde frente al descubrimiento científico; de nuevo el factor humano juega un papel preponderante en la forma en la que se interpretan los hallazgos de la ciencia, de manera que lejos de ser ocasión de prepotencia y orgullo, cada descubrimiento científico es para él "un momento donde siente la cercanía del Creador en el sentido de estar percibiendo algo que ningún hombre sabía antes, pero que Dios sí conocía desde siempre".

Durante una entrevista concedida en 2006, Collins delimita con nitidez los ámbitos de competencia entre ciencia y fe: "La ciencia me dirá cómo funcionan las cosas. No me dirá por qué estamos aquí, cuál es la finalidad de la vida, o qué sucede después de la muerte. Para esto necesito la fe. Y estoy muy agradecido de poder beneficiarme de ambas formas de conocimiento para poder apreciar en su totalidad el maravilloso don de la vida" (Sheahen, 2006: 2).

Adelanta, además, una posible explicación de los conflictos:

Los científicos con frecuencia ven una caricatura de lo que es la fe. Llegan a la conclusión de que la fe es algo a lo que se llega exclusivamente por el sentimiento. No perciben la noción de que la fe puede ser una elección completamente racional, como lo fue para mí. De la misma forma que los científicos a veces están expuestos a caricaturas de las personas religiosas, pienso que las personas religiosas a menudo tienen una visión de los científicos que está basada en extremismos. El 40% de los científicos creen en un Dios personal a quien se pueden dirigir en oración y esperar una respuesta. Esto se ha comprobado en varias encuestas. Necesitamos todas las formas de conocer posibles, todas las formas de decir la verdad. La Ciencia es una. La Fe es otra. No son opuestas para nada. Son formas diferentes de contestar a las preguntas más importantes (Sheahen, 2006: 12).

De igual manera, Collins se pregunta también, y es muy importante saberlo, sobre la utilidad de ir más allá de la ciencia y abrir de esta forma el espectro a otras formas diferentes, pero complementarias de conocimiento: "¿Cuáles son los límites?..., sería muy útil para nosotros, como sociedad, y particularmente para los creyentes, discutir de manera racional, prudente, no emocional, y decidir dónde están los límites de esta tecnología que no debemos sobrepasar" (Sheahen, 2006: 6).

Así también, describe su misión como conciliador entre ciencia y fe:

Muchos científicos, como yo, creen en Dios, pero en general hemos estado más bien callados acerca de nuestras creencias. Sin embargo, creo que vivimos un momento crítico, especialmente en Estados Unidos, frente a la decisión de cómo buscar verdad y sentido a nuestra vida ante el siglo ,. Evidentemente, necesitaremos a la ciencia para que nos ayude a resolver muchos de nuestros problemas (enfermedades, sistemas de comunicación, cuidado del planeta). Pero una aproximación puramente materialista, desprovista del aspecto espiritual de la humanidad, nos empobrecerá. Después de todo, han existido ya en la historia intentos de este tipo que resultaron devastadores, como la Rusia comunista. Los humanos hemos comenzado la batalla entre ciencia y fe, y nos corresponde acabarla. Si puedo contribuir de alguna manera a redescubrir la armonía entre ambas, entonces me sentiré verdaderamente bendecido (Sheahen, 2006: 3).

No podemos concluir el breve recorrido sobre científicos creyentes, sin mencionar a uno que ahora se encuentra camino a los altares. Pero, ¿se puede ser un connotado científico y a la vez un hombre santo?, ¿no están peleadas la santidad y la religiosidad con la ciencia?, ¿no se trata de dos esferas, no sólo ajenas e impermeables entre sí, sino, incluso, antagónicas? Preguntas como éstas, y muchas más, surgen cuando uno se entera de que uno de los más prestigiosos genetistas del siglo xx está en proceso de canonización y, si todo sigue su curso, en un futuro no muy lejano podremos invocarlo como santo; es decir, va a ser una verdad de fe afirmar que el otrora científico prominente, ahora goza de la visión de Dios en el cielo.

Jérôme Lejeune (1926-1994) no precisa una larga presentación. Quizá la imagen que nos ofrece una idea cabal de su importancia sea la de Juan Pablo II, rezando ante su tumba en Francia durante su viaje para presidir la Jornada Mundial de la Juventud en París, durante 1997. Diez años más tarde comenzó su proceso de canonización y apenas el 11 de abril de 2012 concluyó positivamente la fase diocesana del proceso.

Santos los hay muchos en el cielo, la mayoría de ellos desconocidos. La Iglesia, sin embargo, reconoce algunos pocos, entre otros motivos, por el ejemplo que ofrecen a los hombres del momento presente. Lejeune, en este aspecto, sería un gran santo, pues su vida y obra aportan un mensaje muy valioso al hombre contemporáneo. Laico, esposo, padre ejemplar y, particularmente, científico afamado, Lejeune une, con la sencillez y el atractivo de la vida, lo que para muchos está dividido: fe y ciencia. Aquello que para muchos representa una disyuntiva excluyente, él lo armonizó de forma maravillosa. Su vida fue testimonio a la vez elocuente y convincente de que esa armonía no es una bella teoría o un buen deseo, sino una realidad atrayente y exigente a la vez, encarnada en la vida real.

Lejeune alcanza renombre mundial por su descubrimiento del Trisomía 21, cromosoma extra causante del síndrome de Down. Posteriormente se dedica a tratar a los pacientes de este mal, y a buscar su cura. Sin embargo, por motivos ideológicos, no recibe el reconocimiento que merecían sus descubrimientos científicos. Coherente con sus principios salta a la palestra de la defensa de la vida, con altura intelectual, en el preciso momento en que comienzan a desatarse las campañas para legalizar el aborto en Europa y Estados Unidos. No le retrae el precio que podría pagar por manifestar abierta y decididamente su postura, si bien podría guardar un prudente silencio. Para él, dicho "oportuno" silencio sería en realidad un silencio culpable, un silencio cobarde, y no cede a la tentación.

Por ejemplo, en 1971, al dirigirse al National Institute for Health de Estados Unidos, afirmó claramente, refiriéndose al aborto: "Ustedes están transformando su instituto de salud en un instituto de muerte" (Herrero, 2014: 3). Fue muy consciente de las consecuencias que aquellas palabras, a la par "políticamente incorrectas" y valientes podían traerle. Poco después envió un mensaje a su madre: "Hoy he perdido mi Premio Nobel" (Herrero, 2014: 3). No le faltó el coraje necesario para estar dispuesto a sufrir un injusto perjuicio, con tal de defender la verdad, su conciencia, y lo más importante, la vida ajena e inocente. Fue, en consecuencia, un hombre que no supeditó sus principios morales al éxito profesional y que no cultivó el saber científico al margen de la ética: por ello el mensaje de su vida ofrece el atractivo de una radical oportunidad para el hombre contemporáneo, tantas veces vacilante y dubitativo, cobarde en estas lides.

Aquí dejamos la oración para su devoción privada:

Oh Dios, que has creado al hombre a tu imagen y le has destinado a compartir Tu Gloria, te damos gracias por haberle dado a tu Iglesia el profesor Jerónimo Lejeune, eminente servidor de la vida. Él supo poner su penetrante inteligencia y su fe profunda al servicio de la defensa de la vida humana, especialmente de la vida en gestación, en el incansable empeño de cuidarla y sanarla. Testigo apasionado de la verdad y de la caridad, supo reconciliar, ante los ojos del mundo contemporáneo, la fe y la razón. Concédenos por su intercesión, según tu voluntad, la gracia que te pedimos, con la esperanza de que pronto sea contado entre el número de tus santos. Amén (Romero, 2012: 16).

Dice una vieja expresión teológica: *lex orandi, lex credendi* (la ley de la oración es regla de fe). En esta breve oración se muestra cómo, al menos, según la fe católica, no debería existir ningún género de incompatibilidad entre el ejercicio del saber científico y la práctica de la fe, sino todo lo contrario, hasta el punto que un recto empeño científico puede configurarse, si está animado por la caridad, como un camino de santidad, es decir, de plenitud de vida cristiana.

A decir verdad, Lejeune no sería el primer científico canonizado. Hay un curioso caso del siglo XVII, un importante científico beatificado en 1988 por san Juan Pablo II, el beato Nicolás Steno (1638-1686). Danés y luterano de origen (su nombre sin latinizar era Niels Steensen), después converso al catolicismo y más tarde ordenado sacerdote y obispo. Steno es conocido como el "padre de la geología" o también "padre de la estratigrafía", pues ideó el modo de calcular los años de los fósiles y, en consecuencia, de la Tierra. Además, hizo importantes descubrimientos anatómicos, pues descubrió la glándula parótida y describió todas las glándulas de la cabeza. Al realizar, por ejemplo, una descripción completa del aparato lacrimal, también descubrió los óvulos femeninos. Sin embargo, tras su ordenación sacerdotal primero y luego episcopal se dedicó totalmente a la reevangelización de los países nórdicos y abandonó por completo la actividad científica, por lo que difícilmente podrá ser considerado patrono de los científicos.

Antes de concluir el presente parágrafo, puede ser interesante hacer un breve elenco de científicos recientes que han formado parte de la Pontificia Academia de las Ciencias, muchos de ellos católicos, en su mayoría simpatizantes de la religión (algunos en el momento de ser nombrados lo eran y cambiaron después su postura, como en el caso de Stephen Hawking). Fundada por Galileo, ha tenido con posterioridad destacados miembros de la comunidad científica internacional. Entre los que han sido galardonados con el Premio Nobel —muchos de ellos, miembros de la Academia antes de recibir este reconocimiento— podemos nombrar a los siguientes:

Werner Arber (Fisiología, 1978), actual presidente de la Academia, nombrado por Benedicto XVI, el 15 de enero de 2011.

Lord Ernest Rutherford (Física, 1908).

Guglielmo Marconi (Física, 1909).

Alexis Carrel (Fisiología, 1912), quien tuvo la peculiaridad de haber sido un famoso converso a cámara lenta, al ser testigo directo de un milagro en Lourdes y luchar toda su vida por explicarlo científicamente desde sus presupuestos racionalistas. Al no conseguirlo, abrazó la fe al final de su vida.

Max Planck (Física, 1918).

Niels Bohr (Física, 1922).

Werner Heisenberg (Física, 1932).

Paul Dirac (Física, 1933).

Erwin Schrödinger (Física, 1933), quien no era un modelo de vida moral, pues se las arregló para que su esposa y su amante convivieran en paz, viviendo en la práctica una especie de bigamia.

Sir Alexander Fleming (Fisiología, 1945).

John Eccles (Fisiología, 1963), que ha realizado importantes aportaciones científicas para explicar el funcionamiento del cerebro y de la mente humana, con la perspectiva de que dichas aproximaciones científicas no vuelven obsoleta, más bien todo lo contrario, la convicción de que el hombre tiene alma espiritual.

Ganadores del Premio Nobel en años posteriores, que han sido o son actualmente académicos también pueden ser enumerados: Christian de Duve (Fisiología, 1974), George E. Palade (Fisiología, 1974), David Baltimore (Fisiología, 1975), Aage Bohr (Física, 1975), Abdus Salam (Física, 1979), Paul Berg (Química, 1980), Kai Siegbahn (Física, 1981), Sune Bergström (Fisiología, 1982), Carlo Rubbia (Física, 1984), Klaus von Klitzing (Física, 1985), Yuan Tseh Lee (Química, 1986), Rita Levi-Montalcini (Fisiología, 1986), John C. Polanyi (Química, 1986), Jean-Marie Lehn (Química, 1987), Joseph E. Murray (Fisiología, 1990), Gary S. Becker (Economía, 1992), Paul J. Crutzen (Química, 1995), Claude Cohen-Tannoudji (Física, 1997) y Ahmed H. Zewail (Química, 1999).

Quienquiera que sostenga la existencia de enemistad y animadversión entre la Iglesia católica y el saber científico se encuentra con el no pequeño problema de explicar la colaboración de todos estos científicos con una institución de la Iglesia (la Pontificia Academia de las Ciencias), cuyo presidente es nombrado directamente por el papa. A la Iglesia le interesa tender puentes de contacto, y muchos científicos relevantes responden amigablemente a este llamado. Asimismo, la Academia está bajo la protección directa del pontífice, pero organiza sus propias actividades de manera autónoma en consonancia con los objetivos establecidos en sus estatutos: "La Pontificia Academia de las Ciencias tiene como objetivo la promoción de los avances de la matemática, física y ciencias naturales, y los relacionados con el estudio de las cuestiones epistemológicas" (Pablo VI, 1976: artículo 2).

Tanto sus deliberaciones y los estudios a que se dedica, al igual que la composición de sus académicos, no están influidas por factores de un grupo nacional, político o de carácter religioso. Por esta razón, la Academia es una valiosa fuente de información científica objetiva que se pone a disposición de la Santa Sede y la comunidad científica internacional. Ha promovido, además de estudios sobre cada saber individual, valiosas contribuciones de cooperación interdisciplinar entre las distintas áreas cultivadas por sus académicos.

El origen del universo

Una vez que hemos realizado un somero repaso de las diferentes contribuciones que el "humus cristiano" de la Iglesia católica y científicos católicos y cristianos, respectivamente, han aportado al saber científico, podemos abordar con un mayor detenimiento las teorías científicas en boga y que parecen poner en crisis algunos planteamientos religiosos.

El primero de los temas es el del origen del universo. Tal pareciera que existe una competencia por tener la encomienda de definir cómo y cuándo tuvo inicio el cosmos. Por un lado, se conocen las diferentes tradiciones religiosas, cada una con su explicación; la tradición judeocristiana tiene una basada en la Biblia, según la cual Dios creó el mundo en seis días. Luego, junto a las explicaciones religiosas, aparecen las filosóficas, también posteriores cronológicamente —ya que de la religión surgió después la filosofía—, que serían distintas según el pensador, y cuyo modelo ha sido el planteamiento aristotélico, para quien de manera sencilla el universo siempre ha existido. Finalmente, surgirían cuando la ciencia empezó a desarrollarse a partir del siglo xx. En este caso, las explicaciones cosmológicas de carácter científico tendrían la ventaja de proporcionar a su favor datos medibles, de forma que descalifican a las dos anteriores que se mueven en un ámbito de creencias o de argumentación, mas no de hechos tangibles como sí puede proporcionarlos la ciencia. Sin embargo, la tesis del presente libro consiste en que estos tres géneros de explicación no son excluyentes entre sí, sino complementarios. En consecuencia, no sería completa una explicación de cualquiera de las tres que, por principio, excluyera a las otras, como parece hacer la apuesta de corte cientificista.

La puerta de entrada para explicar el universo en su conjunto fue la teoría de la relatividad general, formulada en 1915 por Albert Einstein. Pero el universo con el que se encontraba Einstein no era, por decirlo de algún modo, de su agrado. En efecto, era un universo que cambiaba con el tiempo y, por motivos extracientíficos (es decir, por las convicciones personales, de las que no está exento ni el más egregio de los científicos), prefería un universo inalterable en su conjunto. Para conseguirlo "hizo trampa", es decir, introdujo en sus ecuaciones una variable cuyo único objetivo era mantener estable el universo, a la que denominó "constante cosmológica", la cual, sobra decirlo, "se sacó de la manga". Años después reconoció que fue "el peor error de su vida". Permítasenos el paréntesis un tanto reiterativo, pero, insistimos, es una maravillosa muestra de cómo las convicciones personales del científico juegan un papel importante a la hora de construir la ciencia. De dichas convicciones o prejuicios puede, incluso, no ser consciente el propio científico, es decir, puede afirmar un postulado con la mejor de las intenciones y sin ningún afán de engañar: sencillamente "supone" que las cosas son así.

Otros físicos también se sirvieron de la "teoría de la relatividad general" para realizar estudios sobre el universo en su conjunto, entre ellos destaca el ruso George Friedman, que entre 1922 y 1924 formuló por primera vez la hipótesis de que el universo se encuentra en expansión. Sin embargo, sus investigaciones tuvieron poco eco —Einstein pesaba demasiado—, pero Georges Lemaître trabajó sobre esta línea y en 1927 publicó un artículo donde defendía una explicación teórica del universo en expansión, antes incluso de que Edwin Hubble (1889-1953) descubriera en 1929 el efecto Doppler en las estrellas, que muestra cómo se alejan de la Tierra más rápidamente entre más lejos están. Lemaître expuso de manera personal a Einstein sus argumentos aquel año, aunque este último no los tomó en cuenta.

Años después, en 1930, la Real Sociedad Astronómica se reunió en Londres. En su interior, importantes científicos como De Sitter (1872-1934) y Eddington (1882-1944) mostraron insatisfacción con el modelo estático de Einstein y buscaban otro camino. Ante ello, Lemaître rápidamente les recordó su artículo de 1927 y "les mostró el camino". Eddington dio una conferencia el 10 de mayo de 1930 ante la Real Sociedad, donde informó sobre el trabajo de Lemaître y se refirió a su hipótesis como una "contribución decididamente original", que "da una respuesta asombrosamente completa a los diversos problemas que plantean las cosmogonías de Einstein y de De Sitter" (*Cf.* Artigas, 2007: 353-354).

Pero si el universo está en expansión, resulta lógico pensar que en el pasado ocupaba un lugar cada vez más pequeño, hasta que en un momento inicial todo el universo estaría contenido en un átomo primitivo. En ese sentido, el primero en formularlo fue Georges Lemaître en un artículo publicado por la prestigiosa revista científica *Nature*, el 9 de mayo de 1931, titulado "El comienzo del mundo desde el punto de vista de la teoría cuántica". Años más tarde publicó un libro llamado *La hipótesis del átomo primitivo*.

La respuesta de la comunidad científica de aquel momento, lejos de ser alentadora, fue francamente hostil. Otra vez pesaron más los prejuicios extracientíficos entre especialistas. Con ello, una vez más quedó patente que el factor humano es insoslayable. Los científicos, antes de ser científicos, son hombres, y ello no podemos nunca olvidarlo. Lemaître se encontró con este problema, enconado por los prejuicios antirreligiosos de muchos hombres de ciencia. "Especialmente Einstein encontraba esa hipótesis demasiado audaz e incluso tendenciosa" (Riaza, 2010: 68); existía "el temor de que la religión pudiera intervenir con la autonomía de las ciencias" (Artigas, 2007: 354). En el presente caso, el temor era manifiestamente infundado, ya que ninguna línea del artículo o del libro se apoyaba en Dios o en cualquier clase de argumento religioso. Para evitar que la religión interviniera en la ciencia, prefirieron que fueran sus prejuicios —en el fondo otra forma, si bien inconfesada, de creencia— quienes intervinieron. Einstein y buena parte de los científicos pensaron que la explicación de Lemaître podría favorecer la creencia religiosa en la Creación.

Hay que decir, en honor a la verdad, que como reza el refrán "rectificar es de sabios". Ponerlo en práctica los hace incluso los más grandes, pues el orgullo cede puesto al amor a la verdad. Einstein en concreto rectificó.

Su primer encuentro con Lemaître tuvo lugar en octubre de 1927, donde Einstein afirmó, refiriéndose a su artículo de reciente publicación en donde sentaba la hipótesis de un universo en expansión: "He leído su artículo. Sus cálculos son correctos pero su física es abominable" (Riaza, 2010: 60). Sin embargo, años más tarde, en 1933 Einstein ya admitía que el universo se encontraba en expansión, aunque seguía rechazando la teoría del átomo primitivo. El 17 de mayo de 1933 Einstein invitó a Lemaître a impartir una conferencia en Bélgica (donde se había exiliado, huyendo del régimen nazi). En aquella ocasión reconoció que Lemaître "era la persona que mejor había entendido su teoría de la relatividad". La última vez que coincidieron ambos pensadores fue en Princeton, en 1935.

La teoría del átomo primitivo recordaba demasiado a la creación divina en el tiempo, es decir, a un dogma de fe cristiano. Por ello, Einstein la rechazó, por motivos de índole religiosa, pues pensaba en Dios según un modelo más o menos panteísta que dotaba al universo de un carácter cuasi divino; no podía admitir que el universo fuera cambiando con el tiempo. Probablemente, el mismo prejuicio antirreligioso o Síndrome Galileo afectó a Fred Hoyle, Thomas Gold (1920-2004) y Hermann Bondi (1919-2005), quienes en 1948 formularon una teoría alternativa, la teoría del estado estacionario. De esa forma intentaron compaginar la expansión del universo mientras negaban su origen en el tiempo. Expansión, sí; átomo primitivo, no. La única forma de integrar estas dos variables consistía en postular la creación continua de nueva materia. Bastaba que fuera una pequeñísima cantidad.

A partir de este momento, las teorías del estado estacionario y del átomo primitivo se enseñaban en las universidades como alternativas posibles. Fred Hoyle, además, "rebautizó" la teoría del átomo primitivo, refiriéndose a ella en tono sarcástico como Big Bang, o teoría de la gran explosión. Tal expresión tuvo mucho mayor efecto mediático, y es como lo conocemos actualmente.

Asimismo, la teoría del Big Bang recibió un nuevo impulso mediante la obra de George Gamow, astrónomo ucraniano que secundó la postura de Lemaître, y que dio una "performance" definitiva. A diferencia de Lemaître, quien pensaba encontrar los restos de la explosión inicial en los rayos cósmicos, Gamow buscaba los residuos fósiles de tal evento en una radiación de microondas, detectable desde cualquier punto del universo. A partir de ese momento, muchos físicos dedicaron sus esfuerzos a detectarla.

La teoría del estado estacionario tuvo una corta vida, colapsó en 1965 cuando accidentalmente se descubrió la radiación de fondo del universo: unas microondas previstas en la teoría del Big Bang, las cuales serían resultado de sucesos acaecidos hace 13 mil millones de años, y que deberían detectarse en cualquier parte del universo. Arno Penzias y Robert Wilson de la Bell Telephone, trabajando en una poderosa antena en New Jersey, encontraron un ruido de fondo que no podían eliminar. Se pusieron en contacto con un grupo de físicos de Princeton que trabajaban en una teoría que predecía la existencia de una radiación de fondo de microondas en el universo. A partir de ese momento quedó únicamente la teoría del Big Bang para explicar el origen del universo, dicha teoría con el tiempo ha ido recibiendo nuevos perfiles y se ha ido consolidando cada vez más.

Uno de esos perfiles es la Teoría del universo inflacionario, ideado por Alan Guth (1947), quien en 1981 determinó que el universo, en sus primeros instantes, habría conocido una expansión impresionante, rapidísima y enorme, que después se habría frenado o desacelerado (*Cf.* Hawking, 1989: 170-175). Dichas hipótesis han sido consistentes con los descubrimientos más recientes en torno al Bosón de Higgs en 2012 (*Cf.* Sánchez-Cañizares, 2012b: 6) y 2013, y las ondas gravitacionales primordiales recientemente detectadas en 2014 (*Cf.* Sánchez-Cañizares, 2014: 58-61).

Una última hipótesis científica sobre el origen del universo es la propuesta por Stephen Hawking. Es preciso subrayar su carácter hipotético, en otras palabras, la teoría se encuentra en una fase de elaboración teórica, cálculo matemático o elaboración abstracta, pero falta una comprobación empírica. Para decirlo de modo coloquial, los números son consistentes, pero no basta eso para autenticar una teoría, permanece en el nivel de abstracción hasta que no pueda, de algún modo, confrontarse con la experiencia, es decir, la realidad. Mientras no consiga esto último, puede ser todo lo hermosa y sugerente que se proponga, pero permanece en plano hipotético, y podrían existir paralelamente otro tipo de explicaciones, también consistentes desde el punto de vista matemático compitiendo con ella.

Hawking postula lo que se ha denominado en llamar el "universo autocontenido", un universo que no requeriría de un creador. Sus discípulos han dado un paso más allá y hablan de autocreación del universo. De esta forma, el universo pudo haber empezado a existir a partir de la nada de acuerdo con las leyes de la física. Se trataría únicamente de una fluctuación del vacío cuántico la que daría lugar al universo tal y como lo conocemos (*Cf.* Hawking y Mlodinow, 2010: 143-157; Halliwell, 1992: 1220; Artigas, 2007: 362-365). A reserva de hablar del tema más adelante, cabe decir que "el vacío cuántico" no es "la nada"; valga la redundancia, "la nada no es".

De la nada, nada sale. Ante ello, la alternativa filosófica que quedaría sería admitir una especie de "panteísmo" muy problemático. Admitir un universo o una multitud de universos con propiedades divinas es problemático y contradictorio, pues el panteísmo implica dar atributo divino a lo que está lleno de seres limitados y cambiantes.

Si en el origen no existiera nada, tampoco Dios, en realidad, nada existiría. Dado que algo existe, eso quiere decir que siempre ha existido un Dios, quien existe por sí mismo y hace posible que existan los seres creados. Creación quiere decir dependencia en el ser, supone hablar en un nivel filosófico y escapa por definición a las posibilidades de la ciencia; en este sentido, también es inexacto sugerir —como pensaban los críticos de Lemaître— que el Big Bang favorece la doctrina de la Creación. Se mueven en ámbitos diferentes. Creación implica que el universo no puede ser autosuficiente, requiere una explicación y un fundamento, quiere decir que todo lo que existe y en cualquier momento de su existencia, ahora mismo, depende de Dios en su ser.

De todas formas, el panorama científico actual no es uniforme. Ello quiere decir que estamos muy lejos de que todo se encuentre convenientemente clarificado, como en ocasiones parecen sugerir ciertos trabajos divulgativos. Probablemente suceda lo contrario; en concreto, gracias al Gran Colisionador de Hadrones (LHC, por sus siglas en inglés) que existe en el CERN de Suiza, se están poniendo en crisis algunos de los supuestos científicos sobre los que se había trabajado durante años, particularmente el modelo de la gran unificación; es decir, la empresa capaz de armonizar la física cuántica en el nivel micro, con la física relativista en el nivel macro. Los resultados empíricos que ya tenían que haber arrojado los experimentos del Gran Colisionador de Hadrones, parecen sugerir que seguimos una pista falsa. No hay indicios de la llamada "materia oscura" ni de la "supersimetría" de las partículas. La teoría de la "gravedad cuántica" o "de la unificación" está en crisis debido a la ausencia de datos empíricos. En definitiva, se trata de una cuestión abierta, sobre la que todavía se especula demasiado.

La teoría de la evolución

La teoría de la evolución, con todo lo que su propuesta implica sobre el origen del hombre y el origen de la vida, pareciera oponerse de nuevo a lo que explican los relatos bíblicos o a la visión religiosa del origen del hombre y la vida. Sin embargo, como veremos, no tiene por qué ser así, por más que pueda serlo dentro de planteamientos de muchos evolucionistas. El evolucionismo, más allá de ser una teoría científica, se convierte en una explicación filosófica del mundo que toma como base algunos datos científicos. Aunque de esos mismos datos pueden surgir, y de hecho han surgido, otro tipo de explicaciones que no se oponen a la visión religiosa, antes bien, son coherentes con ella.

Curiosamente, la historia de la evolución, como una forma de explicar la vida presente tal como la vemos es muy antigua en la humanidad. Existen antecedentes remotos en diferentes pensadores griegos que, basándose en la observación, alcanzaron a intuir y teorizar una doctrina evolutiva. Es el caso, por ejemplo, de Anaximandro (610-547 a.C.) que, al observar restos fósiles de animales marinos en pleno continente, sugirió que la vida humana procedía del mar. Agudo observador, formuló por primera vez la hipótesis evolutiva. En un fragmento afirma: "En el principio nació el hombre de animales de otra especie, pues mientras los demás animales encuentran muy pronto de qué alimentarse, solamente el hombre necesita un largo periodo de lactancia, por lo que, si originalmente hubiese sido como es ahora, nunca habría podido sobrevivir" (Kirk, Raven y Schofield I, 1987). Un poco más tarde, Empédocles (490[5] -430[5] a.C.) propuso la existencia de una selección natural, de forma que en la antigüedad existirían otros tipos de seres que, al encontrarse menos adaptados al ambiente, no habrían progresado, y se extinguieron al no poder competir con los demás (Cf. Guthrie, 1985: 58). En su caso, sin embargo, la teoría no está exenta de una buena dosis de imaginación, pues sugiere también que existieron vacas con cara humana que, al estar menos dotadas, habrían desaparecido (*Cf.* Kirk, Raven y Schofield II, 1987: 379).

Un antecedente más próximo a Darwin es Jean Baptiste Lamarck (1744-1829). Al inicio del siglo xix, en su libro *Filosofía zoológica* (1809) propuso el *transformismo*, una cierta forma de evolución, fruto de la adaptación al medio por parte de las especies. Los órganos útiles se desarrollan con el uso y los inútiles se atrofian, es decir, la función crea el órgano. De su propuesta proviene el clásico ejemplo de la jirafa, que al escasear el alimento y tener que buscar las hojas que le servían de comida cada vez más arriba en los árboles, desarrollaría gradualmente un cuello más largo (*Cf.* Alonso, 2002: 359-361).

Pero, sin lugar a dudas, el causante de una nueva "revolución copernicana", será Charles Darwin. *El origen de las especies* (1859) es el centro de una nueva revolución científica, una *revolución darwiniana*. Si Copérnico destronó a la Tierra de su puesto de privilegio dentro del universo, Darwin dio el siguiente paso y destronó al hombre de su lugar privilegiado en el mundo, reduciéndolo a un pariente lejano de los primates.

La historia es muy conocida. Durante su viaje a bordo del barco HMS *Beagle* por las islas Galápagos, hizo una serie de observaciones que poco a poco lo conducen a sostener que las especies actuales proceden de otras anteriores gracias a variaciones graduales al azar y selección natural. Algunas especies, por una causa no explicada, gradualmente van cambiando con el tiempo. Esos cambios dejan a unas menos aptas y se extinguen, mientras que otras, en cambio, terminan por estar mejor preparadas y permanecen.

Las observaciones hechas por Darwin en su viaje a través del HMS *Beagle* de 1831 a 1836, a las que se unió la lectura del libro de Thomas Malthus (1766-1834), *Ensayo sobre el principio de población*, en 1838, donde sostiene que las poblaciones humanas, si no son limitadas, no tendrán medios para la subsistencia y lucharán para sobrevivir (*Cf.* Alonso, 2001: 363-364), fueron los ingredientes que años más tarde cristalizaron en su libro *El origen de las especies*. Publicado en 1859, causó una auténtica conmoción mundial. Para muchos, más allá de la novedad científica que podía suponer, se trataba de cimbrar los fundamentos mismos de la cosmovisión religiosa del mundo. Puede que haya sido así, pero en ese caso, era preciso depurar lo que es realmente religión auténtica de lo que son sus añadidos culturales, de otra parte inevitables, que va acumulándose con el tiempo. Como se ha dicho líneas arriba, la Iglesia católica nunca ha condenado la doctrina evolucionista, aunque sí lo han hecho diferentes grupos cristianos, pues en un primer momento se presentó claramente como antagónico a la religión.

Quizá se debe a este último factor que en la actualidad pervive la creencia de que se oponen. Es preciso comprender el contexto de la polémica original. El siglo XIX es el siglo del racionalismo y del positivismo. La ciencia parecía arremeter contra la explicación religiosa del mundo; se sospechaba que la religión era resultado de una minoría de edad en la humanidad, que significaba únicamente restos de ignorancia. El avance de la ciencia, por el contrario, conseguiría explicar, poco a poco y por vía racional, lo que por entonces el hombre se había explicado por vía religiosa, hasta que, en un momento determinado, seguramente no muy tardío, quedaría patente, para todos, el carácter obsoleto de la religión, pues la ciencia habría conseguido explicarlo todo con argumentos racionales. Dado este contexto, es lógico que en general los hombres de fe experimentaran recelo frente al nuevo descubrimiento, el cual no sería otra cosa que una ofensiva más de conjuntos de descreídos que buscaban eliminar a la religión del horizonte humano.

Se sabe que numerosos pensadores, además, lo consideraron así. Para muchos, la teoría de la evolución consistiría en el golpe de gracia que la ciencia daba a la religión, algo así como un certificado de defunción. Así pensaba, por ejemplo, Friedrich Engels (1820-1895), que en carta a Karl Marx (1818-1883) sostuvo precisamente esta idea: "El Darwin que estoy leyendo es magnífico, la teología no estaba todavía destruida en alguna de sus partes, ahora acaba de ocurrir" (Artigas y Turbón, 2008: 154). Como puede notarse gracias al contexto, fue una teoría que nació en polémica con la religión, y más en concreto con la cristiana.

Darwin se dio cuenta de la magnitud de su descubrimiento y, aunque desde el principio era evidente, tardó algunos años en sostener de manera pública que esa evolución general de la vida afectaba, lógicamente, al hombre. No fue sino hasta 1871 cuando publicó *El origen del hombre*, donde nos describe como el resultado de una cadena evolutiva, que arranca de un primate antecesor, cuyo resultado final origina al hombre, pero también al resto de los primates que ahora conocemos. Así pues, se trata de un antepasado común para hombres, chimpancés y gorilas; no propone que el hombre descienda del mono, más bien, hombres y monos provienen de un antecesor común.

La teoría de la evolución tuvo gran eco y aceptación, dejaba, sin embargo, un cúmulo de problemáticas que requerían respuestas. ¿Por qué se producen esas variaciones al azar? Y si es que se deben propiamente al azar, ¿quiere decir que no hay explicación o que, peor aún, cualquier explicación está demás? ¿Es eso precisamente ciencia? Conlleva también el grave problema del resto fósil. Con ello pasó a la cultura popular la célebre búsqueda del "eslabón perdido", es decir, los restos fósiles que hicieran evidente la cadena evolutiva del hombre.

Darwin no pudo dar una explicación satisfactoria a estos dos extremos, pero con el paso del tiempo se alcanzaron algunos conocimientos necesarios para adelantar una explicación consistente. En primer lugar, las leyes de la genética, descubiertas por Georg Mendel en 1866, pero divulgadas ampliamente en el mundo científico sólo hasta 1900. En un principio las leyes de la genética parecían competir con la teoría evolutiva, pues ésta se apoyaba en el azar, mientras que aquéllas proporcionaban una explicación racional y coherente a las variaciones de la herencia. No fue sino hasta 1940 cuando se logró hacer una síntesis de ambas teorías, en lo que se llamó *neodarwinismo o teoría sintética de la evolución*. En ésta se mezclaban satisfactoriamente la teoría de la evolución y la selección natural de Darwin, con la genética de poblaciones, lo que originó una síntesis enriquecedora que daba razón de muchos puntos oscuros de la explicación darwiniana. Fue elaborada por un conjunto de investigadores, entre los que destacan Ernst Mayr (1904-2005), Theodosius Dobzhansky (1900-1975), Julian Huxley (1887-1975) y George Simpson (1902-1984). Cabe agregar que Dobzhansky, científico de origen ucraniano, era cristiano ortodoxo practicante, para el que la maravilla de la naturaleza no hacía sino manifestar la grandeza de Dios. Afirmaba, por ejemplo: "No veo cómo escapar a la idea de que Dios actúa no sólo en rachas de intervenciones milagrosas, sino en todos los acontecimientos importantes e insignificantes, espectaculares y ordinarios" (*Cf.* Ruse, 2007: 10).

La teoría de la evolución continuó desarrollándose con el tiempo y adquiriendo perfiles diversos. Siguió también una gran búsqueda de restos fósiles de todas las especies, conocidas y extintas, en particular del hombre y sus antepasados, para completar la línea evolutiva de las especies actualmente existentes. No fue éste el único modo de completar la doctrina evolutiva. También se apoyó en la microbiología y estudio de los genes, con lo cual desarrolló una línea paralela de investigación científica evolutiva.

Uno de los evolucionistas relativamente contemporáneos que más prestigio han alcanzado es Stephen J. Gould (1941-2002), quien en 1972 presentó una nueva versión de la teoría evolutiva, que podríamos denominar, tercera versión. En ella subraya el carácter cumulativo de los cambios evolutivos, que explica la existencia de grandes saltos en la línea evolutiva en un lapso relativamente breve (*Cf.* Gould y Eldredge, 1972: 84, citado en Artigas y Giberson, 2007: 58). Al hacerlo, desecha uno de los postulados básicos de Darwin: las variaciones graduales, que van produciendo, poco a poco, nuevas especies. Se elimina la gradualidad por diferentes motivos, entre otros, por la ausencia de un registro fósil consistente. Es decir, existen algunos, como los del caballo, perfectamente documentados, pero igual nos encontramos con una multitud de "eslabones" perdidos, sin que pueda ofrecerse una explicación convincente de esta ausencia. Al mismo tiempo, parece haber evidencia suficiente de que algunas especies han surgido o sufrido cambios considerables en periodos breves, lo que sugiere más que gradualidad, un cambio rápido. A ello se suma —como lo han mostrado los críticos de Darwin y la evolución—, que muchos cambios no pueden ser graduales, porque los aparatos o sistemas muy sofisticados, como el ojo humano, sólo funcionan cuando están completamente ensamblados y articulados; antes de eso, si falta uno solo de los elementos que los componen, o no funcionan como deben, vuelven inútil al sistema completo.

Todo lo anterior lleva a Gould a sostener la hipótesis de grandes saltos en las líneas evolutivas. Sin embargo, mantiene una especie de "fidelidad moral con Darwin", pues buena parte de la comunidad científica le ha hecho notar que, al prescindir de algunos de los ingredientes básicos de la teoría darwiniana, ya no puede considerarse darwinista, lo que él ha negado (*Cf.* Artigas y Giberson, 2007: 59, 63). En 2002 publicó al respecto el título *La estructura de la teoría de la evolución*, donde busca hacer una nueva síntesis, que fiel al espíritu de Darwin, va incorporan do gradualmente, sobre la línea marcada por el iniciador, los diversos descubrimientos de la ciencia, entre los que se encuentran, claro está, su teoría del equilibrio puntuado.

Actualmente, aunque la evolución es un hecho aceptado por la casi totalidad de la comunidad científica, quedan muchas dudas acerca de sus mecanismos y sus modos. Los datos recabados por las distintas líneas de investigación no son concluyentes o en ocasiones son divergentes. Por ejemplo, distan mucho de empalmar los descubrimientos paleontológicos, es decir, la recolección de registros fósiles del hombre y los homínidos, con los datos que aporta la biología molecular. No coinciden al señalar la antigüedad de la especie humana como tal, ni al precisar si esta especie proviene de un solo lugar o de multitud de lugares. A lo anterior hay que añadir que se trata de un saber que se está construyendo actualmente, y que de forma continua aparecen nuevos datos que modifican, una y otra vez, las diversas hipótesis sobre el origen del hombre, antigüedad, proveniencia, etc. No aportará la misma explicación un libro publicado en 1990, otro del 2000 y otro de 2010. Es decir, es un saber en cierto modo provisional, que se encuentra, valga la redundancia, en constante evolución.

Si existen discrepancias en el modo de explicar y describir la evolución en general, muchos más problemas presenta la evolución del hombre. Es mayormente generalizada la opinión de que el hombre y el chimpancé provienen de un antepasado común. No hay certeza sobre cuándo se dividieron las líneas evolutivas que con el tiempo culminarían en el hombre actual, el chimpancé, el orangután o el gorila. Tampoco, y es muy importante este punto, sobre cuándo aparece el primer hombre propiamente dicho. Es decir, el hombre racional, que en consecuencia tiene alma espiritual y es persona, no un simple animal.

Si hemos de describir la sucesión clásica de homínidos que, reiteramos, tiene un carácter provisional, pues continuamente se hacen descubrimientos de yacimientos en los que surgen nuevas especies de homínidos, y diversas teorías que los explican, la sucesión es más o menos como sigue: *Australopithecus* (4 millones de años), *Homo habilis* (2.5 millones a 1 millón de años), *Homo erectus* (1.6 millones hasta 200 mil años), *Homo sapiens* (muchas divergencias, pero los restos fósiles más antiguos encontrados datan de hace 190 mil años. Se trata del enterramiento del *Homo kibish*, en el valle del río Omo, al sur de Etiopía). El *Homo sapiens sapiens*, o nosotros, existentes desde hace 30 mil años. Algunos autores distinguen entre el proceso de hominización, es decir, la evolución de un animal a un hombre, y el proceso de humanización, el desarrollo de un ser que ya tiene características humanas, hasta alcanzar el grado de evolución actual (*Cf.* López Moratalla, 2000: 206, 240).

Para algunos investigadores, el primer hombre propiamente hablando sería el *Homo habilis*, pues aunque su capacidad craneana es muy inferior a la del *sapiens*, poseemos muestras de herramientas fabricadas por él en los yacimientos encontrados con sus restos, lo que supone alguna forma de conceptualización (es decir, la misma herramienta que se utiliza en multitud de ocasiones diversas, distinto de algún animal que puede utilizar una herramienta casualmente para resolver alguna necesidad, pero que lo hace una única vez, es decir, carece del concepto universal). Además, parece ser que tuvo capacidad para el lenguaje. Si esto es cierto, el primer hombre habría existido hace 2.5 millones de años, pero sería muy distinto de cómo somos ahora. Otros estudiosos en cambio, reservan el privilegio de la humanidad y del ser personal al *Homo sapiens*. Pero, entre estos últimos, tampoco hay un consenso sobre cuándo datar su surgimiento, el cual va desde 300 mil hasta 130 mil años (*Cf.* Artigas y Turbón, 2008: 70-75; Turbón, 2006: 231-234).

Una inexactitud muy difundida pretende compaginar demasiado rápido los datos bíblicos con los científicos al difundir la hipótesis de la "Eva africana", descubierta por la biología molecular mediante el estudio de ADN mitocondrial, que se hereda por vía materna. Éste sería nuestro antepasado común, cuyos descendientes habrían ido sustituyendo gradual y progresivamente a otros homínidos. Suele datarse a esta famosa "Eva" hace 200 mil años. Sin embargo, la cosa no es tan sencilla. En primer lugar, porque no es claro que se trate de una mujer singular; más bien parece ser una población ubicada en el sur de África. En segundo lugar, aun aceptándose esta hipótesis, resulta que estudios más recientes han dado con el famoso "Adán cromosómico", o varón del cual descienden todos los cromosomas "Y" determinantes del sexo masculino. Sin embargo, el compañero de Eva es muchos miles de años mayor y de otra región africana, lo que indudablemente encierra un problema. En realidad, como suele suceder en estos estudios, el Adán cromosómico maneja un arco que va de los 60 a 140 mil años hasta los 340 mil años aproximadamente. Este último dato, muy reciente, de 2013, en una investigación realizada por el National Geographic Genographic Project, vuelve a abrir incógnitas, pues es mucho más antiguo que el registro fósil más arcaico conocido del *Homo sapiens*, que data hace aproximadamente 200 mil años (*Cf.* Artigas y Turbón, 2008: 79-85; Turbón, 2006: 269-274; Méndez *et al.*, 2013: 454-459). Tercero, como se ha dicho anteriormente, los restos fósiles que descubre la paleontología no coinciden de manera exacta con estas hipótesis biomoleculares, y continuamente varían los años y lugares —uno o varios— en los que de forma hipotética habría aparecido el ser humano. Es decir, indudablemente la "Eva mitocondrial" supone una importante aportación para determinar el origen de la especie humana, pero identificarla de manera simple y llana con la Eva bíblica y dar por zanjada la cuestión es prematuro, cuando no triunfalista.

Sin embargo, de todas formas, los registros fósiles, así como los estudios tanto del ADN mitocondrial como del Adán cromosómico, sugieren que el hombre provino de África, es lo que se conoce como la hipótesis del *out of Africa* (*Cf.* Artigas Turbón, 2008: 77, 81-84; Turbón, 2006: 262-277). Lo que no está claro es todo el marco, todo el recorrido, todas las piezas del rompecabezas. Pero tanto en el caso del *Homo sapiens*, como en el del *erectus*, se supone que surgieron primero en África, y sólo después de miles de años emigraron al resto del mundo. Existen evidencias de estas dos migraciones, de lo que no se tiene claridad es cuándo y dónde surgió el primer hombre como tal, es decir, un ser personal con alma espiritual creada directamente por Dios. Al mismo tiempo, se sabe que ha habido diversas especies de homínidos ahora extintas, y que existieron otras que no son antepasados nuestros. Con todo ello, el panorama es preliminar, y quedan en pie al interior del plano científico dos hipótesis: la del candelabro, o del origen multirregional de la raza humana, es decir, que provenimos de diferentes cepas de humanos que se han encontrado en diversas partes del mundo, o la contraria del *out of Africa*, más acorde con el origen monogenista del género humano, es decir, todos los hombres actuales provendrían de un mismo lugar, presumiblemente de una misma pareja... (*Cf.* López Moratalla, 2000: 227, 231-233; Herce, 2014: 105-120). Para algunos autores, no obstante, este problema es irresoluble para la ciencia: "En cuanto a cuestiones como el posible origen monogenético del hombre y su relación con el relato bíblico de Adán y Eva, están totalmente fuera del alcance de la ciencia" (Alfonseca, 2014: 192).

Breve recorrido cronológico

¿Cuál sería el antecesor común al hombre y el mono? No se sabe con exactitud (*Cf.* Marmelada, 2014b: 183-187). El homínido más antiguo encontrado hasta el momento es Tumai o Toumaï (*Sahelanthropus tchadensis*), según algunos investigadores, uno de los últimos antepasados comunes entre los homínidos y los monos. Sus restos fósiles fueron encontrados en el desierto de Djurab, al norte de Chad y datan aproximadamente de entre 6 o 7 millones de años (*Cf.* Turbón, 2006: 109-110).[2]

Su descubridor, Michel Brunet (1940) piensa que pertenece a la rama de los *hominina*, muy cerca del antepasado común con el chimpancé, pero en la línea hacia los humanos. Otros, como Yves Coppens (1934) —recientemente nombrado miembro de la Pontificia Academia de las Ciencias— piensa que Tumai es antecesor del chimpancé. En realidad, Tumai sería un chimpancé bípedo, caminaba erguido; ello se deduce de la forma de la pelvis y cómo ésta se unía a su columna vertebral.

Los elementos que permiten describir la paulatina evolución hacia el hombre suelen ser tres. A continuación se mencionan cada uno de ellos:

La bipedalidad, esto es, el caminar erecto.

La progresiva transformación del hocico en boca, y el consiguiente cambio en la dentadura.

La encefalización o desarrollo del cerebro, que suele medirse por su tamaño en centímetros cúbicos (*Cf.* Turbón, 2006: 46; Documentales "El origen del hombre", cd 1, video 2).

Sin embargo, los distintos elementos, bipedismo y encefalización, son hechos independientes en la evolución. Tumai muestra que es anterior el bipedismo a la encefalización, contra lo que pensaba Darwin (*Cf.* Turbón, 2006: 46; Facchini, 2007: 31-33; *El origen del hombre*, 2009).

El siguiente eslabón aparece en Kenia, cerca de una población llamada Tugen. Se trata del *Orrorin tugenensis*, de aproximadamente 6 millones de años de antigüedad. Algunos investigadores suponen que es descendiente del *Sahelanthropus tchadensis*.

Más tarde en Sudáfrica, hace 4 millones de años, aparece el *Australopithecus afarensis*. Se trataría de un bípedo, con un cerebro mayor, pero

---

[2] Como apoyo, véase el documental *El origen del hombre*, dirigido por Goya Producciones.

parecido al chimpancé, que primero vivió en los árboles y más tarde, debido al cambio climático, bajó a tierra.

De esta forma, el primer eslabón de la línea humana sería el *Homo habilis*, caracterizado por la reducción dental, el bipedismo y una mayor bóveda craneana. El *habilis* desarrolló herramientas de piedra para trabajar, además de otra dieta que incluía carne. Se ha lanzado la hipótesis de que dejar de ser vegetarianos para ser carnívoros influyó decisivamente en la encefalización. Sin embargo, parece que existe una relación circular entre el comer carne y el tamaño del cerebro (*Cf. El origen del hombre*, 2009). En efecto, comer carne sería necesario para desarrollar un cerebro mayor, pero sólo podrían comer carne contando con un cerebro mayor que les permitiera elaborar las armas necesarias para la cacería. El *Homo habilis* se extinguió hace 1.5 millones de años.

Luego, al *habilis* le sigue el *Homo erectus*. Aunque, de todas maneras, como sucede en estos ámbitos, nada está exento de problemáticas. Algunos dudan de que se trate propiamente hablando de una especie distinta, considerándose que sólo se trata de un *habilis* mejor alimentado, como si hoy se comparara a un humano de un país subdesarrollado, viendo su robustez y altura frente a una persona del primer mundo. De esta forma, el *Homo erectus* se caracteriza por ser más alto y erguido (*Cf. El origen del hombre*, 2009; Turbón, 2006: 195-207).

También tiene a su favor el haber desarrollado más su estructura social, lo que permite suponer que tuvo lenguaje, puesto que fue protagonista del primer éxodo del hombre fuera de África. En efecto, existen restos del erectus de hace 1.8 o 1.7 millones de años en Dmanisi, Georgia (Asia). Además, ofrece señales claras de cooperación grupal, necesaria para defenderse y adaptarse a situaciones diversas en una inmigración tan larga, como puede ser de África hasta el Cáucaso. Estas formas más sofisticadas de vida social permiten suponer la existencia de un lenguaje.

Por su parte, el Hombre de Neandertal comienza su andadura hace aproximadamente unos 400 mil años. Las diversas cronologías, como es común en este campo, presentan variantes. Para algunos en realidad hace 400 mil años aparecen los "preneandertales", mientras que el Neandertal lo sitúan hace 230 mil años. Otros, en fin, la acercan más a nosotros y lo si-túan hace tan sólo 120 mil años (*Cf. El origen del hombre*, 2009; Turbón, 2006: 231, 234-238).

El Neandertal se caracteriza por tener una gran capacidad craneal, mayor incluso que la nuestra, y cuerpo muy musculado. Sin embargo, su "diseño motriz" gasta más energía que el nuestro, lo que parece ser jugó en su contra, y a pesar de ser más fuerte que nosotros, se extinguió. Gozaba de un cierto parecido con los esquimales actuales y de hecho vivió en un periodo de grandes glaciaciones, lo que propició su aislamiento geográfico. Se desarrolló fundamentalmente en Europa, aunque se han encontrado restos en Israel, Irak, Uzbekistán y Siberia. Una de las señales más claras de racionalidad y, por lo tanto de espiritualidad, se presenta en la evidencia de ofrendas y entierros, actividad cultural y religiosa. Por otro lado, muestra canibalismo ritual, lo que supone la existencia de un pensamiento simbólico, manifestación clara del espíritu humano. Su desaparición data de hace 28 mil años en España. No parece que haya habido mestizaje con el *Homo sapiens* aunque parece que convivieron con el Hombre de Cro-Magnon en Europa, el cual vivió aproximadamente entre 40 mil y 10 mil a.C. Algunos estudios, sin embargo, sugieren que hubo algún tipo de mestizaje (*Cf.* Turbón, 2006: 248, 253; Facchini, 2007: 38-39). Con ello, puede seguir tomándose como una cuestión abierta.

Un caso peculiar que hace saltar por los aires muchos de los esquemas prefabricados que existían sobre el proceso de humanización es el *Homo floresiensis*, natural de la isla de las Flores, enclavada en los límites de Asia y Oceanía. Extinguido hace apenas 12 mil años, medía únicamente un metro de estatura en adultos, tuvo un cerebro pequeño y, sin embargo, su comportamiento es semejante al del *Homo sapiens*... Los investigadores sólo aciertan a concluir que la cuestión es más compleja de lo que esperaban, y que los esquemas son eso, esquemas, muchas veces rebasados por la realidad.

Con estas limitaciones, ¿cuáles serían las características del género *Homo*? Bipedismo, cerebro desarrollado, uso de herramientas para sobre vivir y lenguaje articulado. Ahora bien, no se sabe con precisión cuándo comenzó el lenguaje. Algunos lo remontan hasta el *habilis*, otros al *erectus*. Al poseer una estructura social que reclama el lenguaje, otros suponen que el Neandertal evidentemente lo tendría, dado sus enterramientos y pensamiento simbólico, otros, a fin de cuentas, lo reservan al *sapiens*, hace unos 150 mil años (*Cf.* Artigas y Turbón, 2008: 60-66; *El origen del hombre*, 2009).

¿Qué es y qué no es de fe?

Como se acaba de mencionar, la teoría de la evolución nació en un contexto polémico con la fe. ¿Qué tan real es ese enfrentamiento?

Ciertamente ha sido un enfrentamiento real. Nació en Gran Bretaña y se volvió un caballo de batalla para limitar, cuando no excluir, la injerencia de la Iglesia anglicana en la sociedad científica británica. Hubo en este contexto debates, los cuales no estuvieron exentos de acritud, que llegaron en ocasiones a la ofensa personal. Los puntos de vista, lejos de ser reposados, fueron muy apasionados. Es famoso, por ejemplo, el debate realizado entre el obispo de Oxford, Wilberforce (1805-1873), y el evolucionista Thomas Huxley (1825-1895), realizado en el Museo Universitario de Historia Natural de Oxford, el 30 de junio de 1860. Dicho debate concluyó abruptamente cuando el obispo le preguntó a Huxley si descendía del mono por vía paterna o materna (*Cf.* Sánchez-Cañizares, 2012: 56; Ruse, 2007: 1).

Más de siglo y medio después, el 23 de febrero de 2012 se replicó el mismo debate, entre el arzobispo de Canterbury, Rowan Williams (1950) y Richard Dawkins (1941). En esta ocasión los cauces fueron mucho más respetuosos y se logró un fecundo diálogo, en el cual Dawkins tornó de su postura inicial radical y convencidamente atea a un agnosticismo que admitía una posibilidad, aunque fuera mínima, de que Dios existe. En cualquier caso, no se trató de un debate apasionado ni visceral, sino reposado, respetuoso y racional, lo que manifiesta además que podía discutirse sobre el tema serenamente.

Fue, sin embargo, en Estados Unidos donde la discusión se polarizó hasta niveles ridículos e incoherentes. De manera sorprendente la discusión fue a tribunales donde se presentó entonces la absurda situación de que un abogado u hombre de leyes tuviera que dirimir si un conocimiento era científico o no. De esta forma, en 1925 se desarrolló el famoso *Monkey Trial* (Juicio del mono), en el estado de Tennessee, la primera querella entre evolucionismo y creacionismo, ambas posturas competían por tener el monopolio del carácter científico y, sobre todo, por ser las que se enseñaran en los bachilleratos del estado.

En aquella primera ocasión ganó el creacionismo. Más tarde los creacionistas consiguieron que en algunos estados, como Texas, se dedicaran las mismas horas de clase para enseñar la Evolución y la Creación Bíblica. Sin embargo, en 1982, en Arkansas se repitió el pleito judicial entre Evolución y Creación, y en esta segunda ocasión triunfó el evolucionismo y se dictaminó que el creacionismo no es ciencia.

El creacionismo ha tenido y tiene una gran fuerza en Estados Unidos. Quiere ofrecer una explicación científica alternativa al evolucionismo, que respete una lectura literal del Génesis, donde la Sagrada Escritura trata sobre el origen del mundo y del hombre. Flaco favor le ha hecho a la fe al intentar presentar como científico lo que no es sino una creencia religiosa; ha producido así una pseudociencia que raya en lo ridículo. Se encuentra, entonces, con la enorme dificultad de intentar descalificar la abrumadora evidencia científica sobre la que descansa la teoría evolutiva, y quiere hacerlo con argumentos "científicos".

De igual manera, esta postura es alentada por grupos cristianos radicales que aportan pingües fondos con los que financian publicaciones y conferencias de apoyo. Algunos científicos evolucionistas aceptan el reto para debatir con ellos. Otros, como Richard Dawkins, prefieren ignorarlos para no darles la carta de legitimidad a la que aspiran y por considerar, no sin razón, que ningún sentido tiene discutir con alguien obcecado, cerrado completamente a la evidencia.

En cualquier caso, para una parte importante de la comunidad científica, el ruido hecho por los creacionistas ha generado una cierta repulsión a todo lo que tenga matriz religiosa. Se ha llegado a identificar erróneamente religión con creacionismo, de forma que la religión sería incompatible con la ciencia. Incluso, todo intento realizado por hombres religiosos de buscar una cierta compatibilidad equivale al vano empeño del creacionismo por adquirir la categoría de científico. Es preciso deslindar, con decisión y nitidez, la legítima aproximación religiosa al ámbito científico del creacionismo. La primera respeta las competencias de cada uno de los saberes y no pretende estar haciendo ciencia, sino buscar el diálogo entre dos tipos de conocimientos convergentes y complementarios en algunos temas.

El error del creacionismo pone en evidencia algunas insuficiencias en la lectura evangélica de la Biblia. La exégesis o interpretación que de la Escritura hacen algunos evangélicos, como los que propugnan el creacionismo, adolece de carencias estructurales graves. Consiste en que el principio de la "sola Escritura" no está en la Escritura. Ese principio, lejos de ser bíblico, es profundamente luterano. Se basa no en el libro inspirado, sino en la peculiar experiencia religiosa de Martín Lutero. Con este punto de partida erróneo, es fácil dar un segundo paso igualmente equivocado: pensar que sólo puede aceptarse una interpretación literal del texto sagrado.

Pero, al radicalizar el énfasis puesto en el significado literal, se cae en una especie de literalismo ajeno al texto sagrado y que, además, no se sostiene en una lectura lineal de la Biblia. Existen abundantes pasajes que necesitan una explicación complementaria, pues si se toman en su sentido literal son contradictorios entre sí. Sin pretender hacer una enumeración exhaustiva, pueden mencionarse los dos relatos de la creación, dos relatos de la pelea con Goliat, dos fechas distintas para la Última Cena, entre otros. En la antigüedad se exploraban explicaciones muy artificiosas para intentar compaginar los sucesos discordantes de la Biblia. Hoy, en gran parte de los estudios bíblicos, decididamente en los católicos, el camino es diferente. Se han incorporado los avances de la crítica literaria y la exégesis profana a los estudios bíblicos, lo que nos permite que, lejos de desacralizarlos, comprenderlos mejor en su contexto y en su sentido original. Esto ayudará a dilucidar la finalidad del libro inspirado: transmitir verdades para nuestra salvación, como dejó suficientemente asentado el último Concilio Ecuménico, en 1965, a través de la constitución *Dei Verbum* (n. 6).

En cambio, no se sabe si por escrúpulo o por miedo, en los grupos cristianos que promueven el creacionismo, se ha buscado solamente compatibilizar la ciencia con el propio modo de interpretar la Escritura, considerado el único válido, y no se ha explorado la posibilidad de modificar o enriquecer la propia forma de interpretar la Biblia. Dicha modificación, lejos de significar una cesión, supone un enriquecimiento en lo que a su comprensión se refiere. Al no hacerlo así, caen en evidentes anacronismos y prefieren que el hagiógrafo o escritor sagrado diga lo que de ninguna manera tiene intención de decir. Tomar conciencia de lo que el hagiógrafo quería decir, de su ambiente, su mundo, sus puntos de referencia, lejos de empobrecer, relativizar o diluir la Sagrada Escritura, nos ayuda a asomarnos a su sentido original. Esa comprensión proyecta una valiosa luz para descubrir qué es lo que Dios quiere decirnos hoy, para evitar así simplificaciones anacrónicas, u obligar a que la Escritura diga lo que nosotros queremos que diga.

En el ámbito de la exégesis bíblica, se ha dado un fecundo intercambio entre fe y razón, entre saber profano y profesión religiosa. Al utilizar las herramientas de la moderna exégesis, se consiguió una valiosa profundización en la Sagrada Escritura. Esto permitió depurar aspectos que, siendo ajenos a la Escritura, se le habían añadido a su comprensión debido a factores culturales transitorios. Todo lo cual, lejos de ser un prejuicio para la Biblia, ha supuesto que este texto arroje una luz mucho más potente y creíble a las personas de nuestro tiempo.

La exégesis bíblica contemporánea ha producido, en general, una percepción más matizada, contextualizada y depurada de la Biblia, y ha permitido purificar su comprensión de elementos culturales transitorios que se le habían añadido con el tiempo. Un ejemplo práctico fue volver a recordar aquel debate sobre si es el Sol o la Tierra lo que gira alrededor del otro.

La crítica literaria y la exégesis han conducido a descubrir qué tipo de verdades quiere transmitirnos la Biblia. Aunque contenga verdades históricas, geográficas, culturales, etc., la Escritura busca transmitirnos verdades para nuestra salvación. La exégesis también ha ayudado a saber qué no le debemos pedir a la Escritura, ya que, aun con la más buena de las intenciones estaríamos violentando al texto. Pedirle a la Biblia un relato periodístico típico del hombre contemporáneo es desconocer el contexto en que se originó. Igualmente, pedirle el grado de precisión propio de una revista científica, geográfica o histórica especializada es un claro anacronismo. Asimismo, añadir una búsqueda como la actual en torno a los derechos del autor o la autoría efectiva del texto es algo ajeno al contexto en el cual se formó.

Muchas veces proyectamos sobre el Libro Sagrado los modos y esquemas conceptuales propios del mundo en que vivimos. Es natural que eso ocurra, pues al fin y al cabo somos hombres de nuestro tiempo y no podemos escapar a nuestro horizonte de interpretación. Se requiere, entonces, un continuo esfuerzo por acercarnos al texto y contexto originales, para no forzarlos a decir lo que no quieren decir. Aquello vendría a ser la labor de la exégesis, y precisamente por ello suelen ser útiles unas buenas notas e introducciones del texto bíblico con el fin de mejorar su comprensión.

En concreto, la parte de la Biblia que aborda de manera directa el tema de la Creación, es decir, el inicio del Génesis, es a un tiempo de las más ricas teológicamente (baste pensar, por ejemplo, en toda la catequesis de Juan Pablo II sobre el amor humano, basada en esos capítulos iniciales) y de las más complicadas exegéticamente. En efecto, los 11 primeros capítulos del Génesis, aquellos que relatan "la historia de los orígenes", dejan todavía muchas incógnitas a los exégetas. Por ello, con suficientes motivos, la Pontificia Comisión Bíblica, con la aprobación del papa Pío XII (1876-1958) escribió en 1948 al cardenal Suhard (1874-1949) de París: "Bastante más oscura y compleja es la cuestión de las formas literarias de los primeros 11 capítulos del Génesis. Tales formas literarias no responden a ninguna de nuestras categorías clásicas y no se pueden juzgar a la luz de los géneros literarios grecolatinos o modernos" (Pontificia Comisión Bíblica, 1948: 5). En otras palabras, se trata de un tema en estudio, debatido por los especialistas, en el que todavía queda mucho por esclarecer.

La polémica entre evolucionismo y creacionismo ha llevado a perfilar con mayor nitidez qué pertenece al depósito revelado y qué no. Al mismo tiempo, ha servido para delimitar aquellos puntos que pertenecen propiamente a la fe, y que no pueden ser tratados de manera directa por el saber científico. Es decir, ha sido útil para determinar lo que coloquialmente podríamos llamar "el terreno de juego"; cuál es el campo de la ciencia, en el cual la fe no debe entrometerse, y cuáles aspectos corresponden a la religión, y que la ciencia no debe intentar explicarlos, no porque sea una especie de "tabú", o porque si lo hiciera, correría el peligro de descubrirse "la superchería", sino sencillamente por no ser pertinente el conocimiento científico para acceder a tal objeto.

Magisterio y evolución

La teoría evolutiva nunca ha sido condenada como tal por la Iglesia católica. A lo más, se han recibido con recelo los trabajos de Charles Darwin, actitud muy comprensible dado el horizonte cultural del siglo XIX. En este ámbito, la Iglesia ha extremado su prudencia y ha dejado correr el tiempo para que se asienten de manera conveniente los conocimientos y se depure de esta forma lo sólidamente asentado de las meras hipótesis de trabajo. Esto también se debe a que comprende mejor cuál es su misión y su ámbito de competencia: no le corresponde hacer ciencia, ni dirimir lo que es efectivamente un conocimiento científico del que no lo es, sino a precisar el contenido de la revelación y transmitirlo al hombre contemporáneo, lo que a todas luces es diferente.

Gracias a esta mentalidad, se ha dado un progresivo cambio de tono en el modo de referirse a la teoría evolutiva, acorde con el desarrollo de los avances evolucionistas sólidamente establecidos. Por otra parte, sin que sea propio de magisterio, muchos pensadores cristianos se han adentrado a investigar o interpretar la teoría evolutiva. Quizá el más connotado de todos sea Pierre Teilhard de Chardin S.J. (1881-1955), quien desarrolló lo que podríamos llamar una teología evolutiva, la cual, siendo sincero, adolece de abundantes flaquezas pues mezcla de forma ingeniosa, pero muy cuestionable metodológicamente hablando, argumentos científicos, filosóficos y teológicos. Sin embargo, aquí sólo se busca levantar acta, de que la recepción de la evolución como tal no fue uniforme en toda la Iglesia. Y si algunos la miraron con recelo, otros la recibieron con entusiasmo, y son igualmente católicos. Es, pues, inexacto que exista un rechazo generalizado dentro del mundo católico hacia teoremas sobre la evolución.

El primero en "abrir fuego" en forma solemne sobre el tema fue su santidad Pío XII en la carta encíclica *Humani Generis*. En este documento, el Papa elimina cualquier escrúpulo de los investigadores católicos, así como de los fieles en general, para estudiar la "hipótesis evolutiva". La califica de "hipótesis", ya que, hasta ese momento, en 1950, no podía sostenerse con absoluta certeza. La única precisión que realiza es afirmar que cualquiera que haya sido el proceso evolutivo del hombre, se debe afirmar como de fe, que Dios crea directamente el alma humana de cada ser humano y que, por ser espiritual, esta alma no puede ser resultado de un proceso evolutivo.

De igual forma, sostiene, aunque en un tono manifiestamente más tenue (comprometiendo en menor manera su autoridad y deja un espacio, si bien pequeño, de interpretación por parte del investigador cristiano), que no puede sostenerse un origen múltiple en el surgimiento del hombre, lo que ahora viene a llamarse la "hipótesis del candelabro", que sugiere que los seres humanos surgieron en diversas partes del mundo hasta que en un momento determinado se encontraran y entremezclaran las diversas especies humanas. La razón que brinda es teológica: ¿cómo explicar entonces el pecado original? Por ello excluye también que el nombre bíblico "Adán" pueda tener un sentido colectivo, es decir, que represente algo así como un pueblo, o un conjunto de pueblos.

En la misma línea, vuelve a expresarse Pío XII en la encíclica *Humani Generis*:

Cuando se trata de otra conjetura, concretamente del poligenismo, entonces los hijos de la Iglesia no gozan de esa libertad, ya que los fieles cristianos no pueden aceptar la opinión de quienes afirman o bien que después de Adán existieron en esta tierra verdaderos hombres que no procedían de él, como primer padre de todos, por generación natural, o bien que Adán significa una cierta multitud de antepasados, ya que no se ve cómo tal opinión pueda compaginarse con lo que las fuentes de la verdad revelada y las enseñanzas del Magisterio de la Iglesia proponen acerca del pecado original, que procede del pecado verdaderamente cometido por Adán y que, transmitido a todos por generación, es propio de cada uno (Pío XII, 1950: n. 30).

Sin embargo, al afirmar que los investigadores cristianos "no gozan de la misma libertad" para sostener las teorías poligenistas (origen múltiple de la especie humana), pero sí para sostener la hipótesis evolutiva, no sería claro cómo podría explicarse la doctrina del Pecado Original, la cual es indudable que forma parte del depósito de la revelación que, además, independientemente de ser o no revelada —y por convicción sabemos que lo es—, la palpamos cada día de nuestra existencia, es decir, no precisa ningún tipo de prueba o comprobación ulterior. En el hipotético caso que se demostrase de modo convincente que el origen del hombre responde a la hipótesis del candelabro, mejor dicho, que la especie humana surgió en una diversidad independiente de lugares en la Tierra, ello no pondría en duda la doctrina del Pecado Original —que, insistimos, forma parte de la revelación—, únicamente pondría en aprietos a los teólogos, quienes deberían empezar a explicar de otra forma cómo se produjo y transmitió ese pecado que, reiteramos, no necesita ninguna demostración, pues todos los días lo palpamos, y no únicamente los cristianos, puesto que sus consecuencias han sido expresadas de manera clara por pensadores paganos. Un ejemplo de este último extremo lo encontramos en Aristóteles y su estudio de la *akracia* o "incontinencia", en el libro VII de la *Ética a Nicómaco*. Por otra parte, el monogenismo (la doctrina que sostiene que todo el género humano desciende de una única pareja) no se menciona en el Catecismo de la Iglesia católica. Cabe suponer, entonces, que tal doctrina por lo menos no forma parte "del compendio de toda la doctrina católica tanto sobre la fe como sobre la moral" (n. 1).

Años más tarde, san Juan Pablo II se refirió a la evolución, considerándola por mucho "más que una hipótesis", pues la teoría evolutiva contaba ya para ese momento con una abundante y sólida fundamentación dentro de la comunidad científica internacional. Es decir, negarla o dudar de ella supondría ir en contra de lo que de forma independiente y a lo largo del planeta podrían testimoniar multitud de investigaciones científicas serias. Cabe añadir, entonces lo que reza el texto del mensaje a la Academia Pontificia de las Ciencias, del 22 de octubre de 1996:

Teniendo en cuenta el estado de las investigaciones científicas de esa época y también las exigencias propias de la teología, la Encíclica *Humani Generis* consideraba la doctrina del evolucionismo como una hipótesis seria, digna de una investigación y una reflexión profundas, al igual que la hipótesis opuesta. Hoy, casi medio siglo después de la publicación de la encíclica, nuevos conocimientos llevan a pensar que la teoría de la evolución es más que una hipótesis. En efecto, es notable que esta teoría se haya impuesto paulatinamente al espíritu de los investigadores, a causa de una serie de descubrimientos hechos en diversas disciplinas del saber. La convergencia, de ningún modo buscada o provocada, de los resultados en trabajos realizados independientemente unos de otros, constituye de suyo un argumento significativo a favor de esta teoría (Juan Pablo II, 1996a: 9).

Nuevamente el Papa, mientras bendecía las investigaciones en esa misma línea, recordaba que el alma humana ha sido creada de forma directa por Dios y, por ello, no puede ser resultado de un proceso evolutivo. Obviamente afirma también que la existencia de las realidades espirituales (Dios, los ángeles y el alma humana), escapan al ámbito científico, por lo que deben ser tenidas como verdades de fe. Así, en la audiencia general en junio de 1986 comunicó lo que reproducimos a continuación:

[...] Desde el punto de vista de la doctrina de la fe, no se ven dificultades para explicar el origen del hombre, en cuanto cuerpo, mediante la hipótesis del evolucionismo [tomar en cuenta que la presente cita es 10 años anterior a la precedente, por lo que sigue utilizando el vocablo "hipótesis"]. Es preciso, sin embargo, añadir que la hipótesis propone solamente una probabilidad, no una certeza científica. En cambio, la doctrina de la fe afirma de modo invariable que el alma espiritual del hombre es creada directamente por Dios. O sea, es posible, según la hipótesis mencionada, que el cuerpo humano, siguiendo el orden impreso por el Creador en las energías de la vida, haya sido preparado gradualmente en las formas de seres vivientes antecedentes. Pero el alma humana, de la cual depende en definitiva la humanidad del hombre, siendo espiritual, no puede haber emergido de la materia (Juan Pablo II, 1986b: 11).

No podemos olvidar que, tanto san Juan Pablo II, como el papa emérito, Benedicto XVI, organizaron coloquios interdisciplinares en Castelgandolfo, la residencia papal de verano, para disertar y discutir sobre el tema. Una muestra de este esfuerzo e interés puede verse en el volumen que se publicó con las ponencias de estas contribuciones, luego de que Benedicto XVI convocara al estudio de la evolución durante el verano de 2006. Las contribuciones de ese coloquio se publicarían bajo el título de *Creation and Evolution*, en 2008.

Temas que por principio escapan del ámbito científico

Realidades como la Creación, la Providencia, el alma espiritual o el milagro escapan por principio al ámbito científico. Intentar acceder a ellas desde esta perspectiva es señal de falta de cultura, o de un atropello intelectual. Simplemente evidencia no conocer los límites del propio método. "En la medida en que la ciencia exige que las teorías se sometan a control experimental, su ámbito de estudio queda reducido a lo material" (Artigas, 1989: 16), y las realidades antes mencionadas no pueden someterse a dicho control, lo que no significan que no existan, antes bien, la ciencia no puede ser la herramienta adecuada para acceder a ellas.

Se trata, entonces, de una cuestión de fundamento. La ciencia funciona a partir de lo que se puede medir y experimentar, sólo puede describir el paso de un estado físico a otro estado físico, no el surgir absoluto de lo físico, o dilucidar realidades, como el alma, que por definición no son materiales. Presupone siempre ese algo que evoluciona, y cuando va más allá, ipso facto no es ciencia, si acaso filosofía, pues escapa de lo medible y experimentable, y es su oportuno terreno, para pasar, si acaso al terreno de la filosofía de la naturaleza, cuando no al de la teología.

La Creación

En primer lugar, la Creación no debe confundirse con el Big Bang ni con nada que se le asemeje. De igual manera, al cultivar la cosmología, no se trata de demostrar científicamente el dogma de la Creación. No está de más esta aclaración, pues importantes pensadores se han ido en esta vía, e incluso, algún papa también pensó que podría darse este supuesto, y ha rectificado inmediatamente, cuando el especialista le explicaba la situación. En realidad, no afectaría en nada, por ejemplo, el hecho de que el Big Bang no fuera el origen. Es decir, ese evento, ocurrido hace aproximadamente 13 700 millones de años pudo haber tenido una historia quizá infinita hacia atrás, pero es lo que menos importa. La Creación se refiere a otro orden de las cosas.

Stephen Hawking, por ejemplo, en su libro *Historia del tiempo* relata un suceso donde probablemente no entendió el mensaje, se confundió o, lo que sería peor, nos estaría engañando para alcanzar una notoriedad que no necesita. Esto aconteció cuando fue invitado, en 1981, a una conferencia sobre cosmología organizada por la Pontificia Academia de las Ciencias. Hasta aquel momento su interés primordial eran los agujeros negros. En esa ocasión la Iglesia invitó a un grupo de expertos para que la asesoraran en Cosmología. Al final los asistentes tuvieron una audiencia con el papa Juan Pablo II. Y ahí radica su confusión:

> Nos dijo que estaba bien estudiar la evolución del universo después del Big Bang, pero que no debíamos indagar el Big Bang mismo, porque se trataba del momento de la Creación y por lo tanto obra de Dios. Me alegré entonces de que no conociese el tema de la charla que yo acababa de dar en la conferencia: la posibilidad de que el espacio-tiempo fuese finito pero que no tuviese ninguna frontera, lo que significaría que no hubo ningún principio, ningún momento de Creación (Hawking, 1988: 156).

En efecto, lo que san Juan Pablo II dijo en aquella ocasión (3 de octubre de 1981) es lo siguiente:

> La cosmogonía y la cosmología han suscitado siempre un vivo interés entre los pueblos y en el campo de las religiones. La Biblia misma nos habla del origen del universo y de su constitución, no para ofrecernos un tratado científico, sino para señalar las justas relaciones del hombre con Dios y con el universo. La Sagrada Escritura quiere decir sencillamente que el mundo ha sido creado por Dios y, para enseñar esta verdad, se expresa con los términos de la cosmología usual en tiempos del que escribe. Por otra parte, el libro sagrado quiere hacer saber a los hombres que el mundo no ha sido creado como morada de los dioses, tal como lo enseñaban otras cosmogonías y cosmologías, sino que ha sido creado al servicio del hombre y para gloria de Dios. Cualquier otra enseñanza sobre el origen y la formación del universo es ajena a las intenciones de la Biblia, la cual no quiere enseñar cómo ha sido hecho el cielo, sino cómo se va al cielo. Toda hipótesis científica sobre el origen del mundo, como la de un átomo primitivo del que procedería el conjunto del universo físico, deja abierto el problema referente al comienzo del universo. La ciencia no puede por sí misma resolver dicha cuestión: hace falta ese saber del hombre que se eleva por encima de la física y de la astrofísica y que recibe el nombre de metafísica; hace falta, sobre todo, el saber que viene de la revelación de Dios (Juan Pablo II, 1983: 4).

Como puede notarse, san Juan Pablo II no se encuentra en la misma línea de lo que entendió Stephen Hawking. Quizá se deba a insuficiencias filosóficas de este último, probablemente recibidas de una formación sesgada hacia el empirismo de Hume, el cual no entendía y por ende no aceptaba la causalidad. La noción filosófica de causa, que antes de ser de corte filosófico es de sentido común, es en absoluto imprescindible para acceder al Creador por el camino de la sola razón. Si esa noción no es clara o se niega, se dificulta enormemente acceder al Creador a través de las creaturas.

Lo que san Juan Pablo II afirma es muy sencillo. La ciencia tiene un método propio y ese método tiene unos límites propios. Su método es experimental y es capaz de describir el paso de un estado físico a otro, pero no el origen absoluto de lo físico, de la materia. Supone la existencia de lo material (entendiendo por ello tanto materia como energía), y sobre ello trabaja. La Creación, en cambio, da a entender que el universo no puede ser autosuficiente. Todo lo que existe, en cualquier momento de su existencia, depende en su ser completamente de Dios. El nivel en el que se habla es diverso y no es accesible al saber científico. De esta forma, se refiere a la dependencia en el ser de todo lo creado, no de la evolución de un estado físico hacia otro, sea que se alcance el original primero o que no tenga comienzo y provenga de una sucesión ininterrumpida.

La doctrina católica afirma que hubo un momento inicial, entendiéndolo como un conocimiento revelado, aceptando que no repugna a la razón —como bien lo observó santo Tomás— la idea de que el universo material no tuviera origen en el tiempo. Aun así, necesitaría absolutamente del Creador. No se trata de ir más allá en el pasado, cuanto de una dependencia radical en el ser de las cosas, la cual, por su propia naturaleza, escapa al ámbito de la física —que describe estados de cosas, suponiendo las cosas mismas— y que entra así en la parcela de la filosofía y la teología.

Santo Tomás, en efecto, escribe *De aeternitate mundi contra murmurantes*, donde propone que, con elementos puramente racionales (entiéndase filosóficos), no puede demostrarse que el universo haya tenido un comienzo en el tiempo. A su vez, la misma postura fue manejada por Aristóteles y, si sabemos lo contrario, es decir, tuvo principio en el tiempo, es sólo por revelación (*Cf.* Saranyana, 1976: 406-407).

Pero esa confusión no únicamente se ha dado en egregios representantes de las ciencias. También se ha dado en prominentes hombres de fe. En concreto, Pío XII tuvo "la tentación" de utilizar la ciencia en beneficio de la religión. El 22 de noviembre de 1951 pronunció una alocución titulada "Las pruebas de la existencia de Dios a la luz de la ciencia natural moderna" ante la Pontificia Academia de las Ciencias, donde parecía sugerir que los nuevos conocimientos sobre el origen del universo (hipótesis del átomo primitivo, por ejemplo), eran una prueba de la existencia de la Creación divina. En ese momento, Georges Lemaître habló con las autoridades respectivas del Vaticano, en concreto, con Daniel O'Connell S.J. (1896-1982), director del Observatorio Vaticano, y los monseñores Dell'Aqua (1903-1972) y Tisserand (1884-1972) para aclarar la situación y evitar equívocos. Un año después, el 7 de septiembre de 1952, Pío XII dirigió un discurso a la asamblea general de la Unión Astronómica Internacional, refiriéndose a esos nuevos conocimientos científicos, pero evitó extraer las consecuencias sobre la Creación. Aquello daría a entender que rectificó (Pío XII, 1952).

La doctrina de la Creación supone que todo depende en su ser, es decir, en su núcleo más profundo, de Dios. Ahora bien, la creación del hombre conlleva una especial y particularmente intensa dependencia de Dios, análoga al del resto de las cosas. Es lo que se afirma al decir que, no obstante, cualquier posible proceso evolutivo en la formación del hombre, el alma espiritual es infundido de forma directa por Dios mediante un acto especial de creación. El alma humana es creada inmediatamente por Dios y no arrojada, en cierta forma, al arbitrio de las causas segundas. De hecho, el alma, por ser espiritual, es de naturaleza distinta al mundo material y no puede ser producto de este último, sino de Dios, que como ella es un ser espiritual. En cualquier fase de la evolución en la que por primera vez se haya formado un hombre —por más que no exista consenso, actualmente, sobre cuándo sucedió ni cuál etapa del proceso evolutivo de la especie Homo nos estamos refiriendo—, de manera decidida hubo una intervención directa de Dios, insuflando por vez primera el alma espiritual al primer ser humano.

El cuidado providente de Dios sobre las creaturas

La Providencia divina escapa también al dominio del conocimiento científico. Obviamente ningún científico ha intentado demostrarla, pero sí en cambio declararla obsoleta, por no entenderla o por creer que se la entiende, siendo demasiado simplista esta pseudocomprensión. En concreto, muchos hombres de ciencia y "espíritus fuertes" o humanistas que prescinden de Dios, piensan que la Providencia es suerte, y que se sustituye con los conocimientos científicos pertinentes.

En la antigüedad la gente se encomendaría a la Providencia, hoy va al médico. Cuando se dice "gracias a Dios salí bien de la operación", en realidad debería decirse "gracias al doctor salí bien de la operación". Sin embargo, la Providencia, así entendida, se vería manca, sin médicos o sin la ciencia y sin la técnica en general. Y en buena lógica, si la ciencia y la técnica bastan para explicar los resultados, en realidad lo que sobra es la Providencia.

Definitivamente, la Providencia no tiene nada de mágico. Alguna vez puede saltarse el curso ordinario de las cosas —y entonces hablaríamos de un milagro—, pero lo habitual es que se sirva de "causas segundas", dando a entender que no interviene directa y aparatosamente, sino sirviéndose del orden que Ella misma ha establecido. Aquello se conoce como *Providencia ordinaria*, la cual encuentra su cauce en lo natural, en los procesos del cosmos, sin necesidad de recurrir a elementos cuasimágicos. En este sentido, tienen el mismo valor un milagro propiamente dicho, es decir, un hecho del cual no podamos explicar las causas, como lo sería una curación inexplicable desde el punto de vista científico, producida después de pedir en la oración acudiendo quizá a alguna intercesión particular, la de algún santo por ejemplo y verificada al agotarse las herramientas de la medicina, como lo es la salida del sol todas las mañanas, el orden maravilloso y finamente ajustado del universo. Ambos sucesos son Providencia, la primera quizá extraordinaria mientras la segunda, ordinaria.

En consecuencia, no tiene sentido contraponer el avance técnico o científico, el progreso en general, con la Providencia. Esto se debe a que dicho progreso y avance también son Providencia (ordinaria). En el fondo, constituyen un cumplimiento del mandato divino contenido en el Génesis: "llenen la tierra y sométanla" (Gen 1, 28). No se trata de que conforme el hombre avance se vuelva superfluo recurrir a Dios y la oración. De hecho, por más avances técnicos que se han hecho, también siguen muriendo las personas imprevistamente o mostrándose impotente la ciencia en algunos casos o, al final, cometiéndose errores, de los cuales los hombres, por más que desarrollemos el saber, no estaremos nunca exentos. En síntesis: se deben poner todos los medios humanos, como si no hubiera sobrenaturales (la oración y el sacrificio), y todos los medios sobrenaturales, como si no hubiera humanos (ciencia y técnica), en la inteligencia además de que esos medios humanos y su empleo son también Providencia de Dios.

El alma espiritual

En YouTube y en la red en general se pueden encontrar "demostraciones" de que el alma pesa "21 gramos", porque al morir perdemos 21 gramos, con lo cual, ése sería el peso del alma; se trataría de una simple resta. El asunto no es tan sencillo, puesto que el alma no tiene peso por ser inmaterial. Lo espiritual, por definición, no tiene materia y, claramente, no se puede medir. Podríamos pensar que no tenemos alma o que ésta no es espiritual, pero si aceptamos la existencia de un alma espiritual, no podemos aspirar a medirla ni pesarla; sería aproximarnos a una realidad con el instrumento inadecuado, algo así como querer enviar un *mail* con una cuchara; se trata de realidades diversas. Al no ser material, ni medirse o pesarse, escapa por completo al ámbito del conocimiento científico. Uno puede aceptar o rechazar esta situación, pero con argumentos de otra índole, no científicos, matemáticos o cuantificadores.

¿Cómo ha llegado el hombre a la conclusión de que tenemos un alma espiritual? El camino ha sido muy largo, ante todo para determinar la existencia de la realidad espiritual y formular un vocabulario adecuado para referirnos a ella. Simplificando, podemos decir que han existido dos vías convergentes. Por un lado, la religiosa, en concreto la de la revelación judeocristiana, donde comienza a describirse la realidad espiritual, el espíritu, como *ruah*, algo similar al aliento o la respiración (lo que en el mundo griego vendría a ser *pneuma*). En la revelación, como se observa al estudiar cronológicamente los libros del Antiguo Testamento, hubo una lenta, pero constante, evolución que culminó con la aceptación de la inmortalidad del alma. Poco a poco los judíos tomaron conciencia de que en esta vida no se acababa todo y que vendría después otra vida imperecedera. Es decir, paulatinamente adquirieron conciencia de la inmortalidad del alma.

Progresivamente se configura una realidad diversa de la que podemos percibir por los sentidos. De forma original recibe un nombre análogo a lo material, porque todo en nuestro conocimiento y en nuestro lenguaje ha tenido origen en la experiencia sensible, y a partir de ella puede ir más allá, como la "segunda navegación" platónica (en la primera estudia el mundo sensible, en la segunda el mundo suprasensible). En la filosofía griega, de hecho, se nota un esfuerzo considerable para precisar y acercarse a la realidad espiritual, que no está exento de un cierto materialismo. No fue sencillo alcanzar la conciencia y la claridad de que nos referimos a realidades diversas cuando hablamos de cuerpo y de espíritu. Así, primero Pitágoras y después Anaxágoras, maestro de Sócrates (470-399 a.C.), abordaron el estudio de este tipo de realidad. Sócrates teorizó filosóficamente con mayor precisión sobre el carácter del alma humana y su dimensión esencial en la vida del hombre. La misma línea siguió Platón (427-347 a.C.), sabiendo que en ocasiones no es fácil diferenciar dónde termina el primero y comienza el segundo; sin embargo, en lo que a realidad espiritual se refiere, puede apreciarse no sólo sintonía, sino un desarrollo que ya no abandonará al pensamiento occidental. Aristóteles, por su parte, dedicó tres libros a tratar exprofeso del alma, en que caracterizó suficientemente sus operaciones, y se sirvió de ese criterio operacional para distinguir sus facultades, así como entre alma vegetal, animal y humana. Planteó, al hacerlo, algunos de los problemas más profundos del conocimiento, aunque le faltó, sin embargo, cualquier género de referencia a la pervivencia del alma humana después de la muerte, cosa extraña, pues ése era un tema muy presente en su maestro Platón.

En el fondo se trata de una cuestión no tan difícil, ya que se reduce a testimoniar aquellas actividades humanas que no pueden limitarse a un principio material. No quiere decir que no se sirvan de lo material ni tengan un sustrato, sino que son mucho más. El conocimiento intelectual, el amor, la amistad, la conciencia, el arte, la creatividad, la ciencia misma, la creación y la percepción de la belleza no pueden explicarse por completo sirviéndonos de manera exclusiva de elementos materiales; aunque, obviamente, la materia juega un papel, no agota toda la riqueza de estas realidades.

Como veremos un poco más adelante, no han faltado denodados esfuerzos por parte de los pensadores y científicos materialistas para reconducir todas estas realidades a epifenómenos de la materia: la psicología, la neurología, etc., han querido reducirlo todo a intercambios de redes neuronales. Sin embargo, muchas veces parece que ello es fruto exclusivo de un prejuicio frecuente, pues se aduce que no puede existir nada que no sea material, medible o cuantificable. Sin embargo, es cierto que en este ámbito existen todavía muchos cabos sueltos, muchos temas que precisan de un mayor estudio, pero, precisamente por ello, estamos muy lejos de poder afirmar de forma taxativa todas esas operaciones humanas única y exclusivamente desde la materia. Todas, insistimos, tienen un sustrato material, pero no se reducen a ello.

Un reciente intento en esta línea ha sido la obra de Francis Crick (1916-2004) titulada *La búsqueda científica del alma. Una revolucionaria hipótesis para el siglo XXI* (1994). Incluso, el mismo título es una contradicción, pues si el alma es espiritual, por definición no puede comparecer delante de la ciencia, que tiene por objeto lo material. Por tomar un ejemplo de Mariano Artigas, es como mostrarse decepcionado por no haber escuchado la novena sinfonía de Beethoven cuando en realidad se asistió a un partido de futbol (*Cf.* Artigas, 2007: 29), es decir, se trata de realidades diferentes.

El error es metodológico, aunque lo cometa un científico connotadísimo y no sólo un ganador del Nobel, es decir, no se trata de "un Nobel cualquiera", sino uno de los que descubrió en 1953 la estructura en doble hélice del ADN. Así, pues, su problema no es científico, sino filosófico, al considerar como válido un único modo de aproximarse a la realidad mediante el "enfoque reduccionista de la ciencia", es decir, cualquier realidad compleja puede explicarse por el funcionamiento de sus partes. Ello es congruente cuando se trata de explicar de un modo determinado la realidad física, pero es improcedente cuando se refiere a la realidad espiritual, pues se cae, según Mariano Artigas, en un "reduccionismo metodológico" (Artigas, 2007: 30).

Igualmente, Artigas afirma que, "si existen realidades espirituales como Dios y el alma, nunca llegaremos a ellas utilizando ese método, y eso no quiere decir que no existan" (Artigas, 2007: 31). Se trata de una burda confusión que ha sido gráficamente descrita por el mismo intelectual de la siguiente forma:

> En los años 1950, algunos negaban la existencia del alma porque no aparece por ninguna parte, aunque se diseccione todo el cuerpo con un bisturí. En los años 1960, un astronauta ruso volvió del espacio diciendo que no hay Dios, porque no lo ha visto por ninguna parte. En los años 1990, Crick dice que en la ciencia del cerebro no encuentra el alma y, en cambio, encuentra neuronas y procesos neuronales por doquier. Cambia el escenario, pero se comete el mismo error (Artigas, 2007: 29).

De hecho, en el *post scriptum* de su obra, Crick habla de la libertad y afirma que no es real, pues se trata de una apariencia. Aquello sería obvio si todo se redujera a estímulos respuestas de carácter necesario en los procesos neuronales, por lo cual tendríamos que reconocer que no somos libres. Sin embargo, Dios, el alma y la libertad deben estudiarse de forma diferente, no es que no existan.

Crick plantea, además, una teoría en polémica con la religión, particularmente la católica, aunque con todas en general, por lo que califica su postura de "revolucionaria hipótesis" (Artigas, 2007: 30). Una vez más, muestra un escasísimo esfuerzo por hacerse cargo de lo que enseña la Iglesia y el cristianismo en general, y se sirve, en cambio, de impresiones estereotipadas, como una especie de fetiche o fantasma construido *ad hoc* para después apabullarlo violentamente. Pero lo que ataca en realidad es un fantasma. Afirma, por ejemplo, que el alma es, en su lectura del catecismo católico, "un ser vivo sin cuerpo, que dispone de razón y libre voluntad". En efecto, ningún catecismo católico maneja esa definición para el alma. Curiosamente, en una nota al pie, Crick afirma que fue "lo que escuchó su esposa

Odile, cuando era pequeña, a una vieja dama irlandesa que le enseñaba el catecismo" (Artigas, 2007: 30). Es decir, más impreciso, no podría ser.

En el *Catecismo de la Iglesia católica*, observamos las siguientes afirmaciones:

N. 363. A menudo, el término "alma" designa en la Sagrada Escritura la vida humana o toda la persona humana. Pero designa también lo que hay de más íntimo en el hombre y de más valor en él, aquello por lo que es particularmente imagen de Dios: *alma* significa el principio espiritual en el hombre.

N. 364. El cuerpo del hombre participa de la dignidad de la imagen de Dios: es cuerpo humano precisamente porque está animado por el alma espiritual, y es toda la persona humana la que está destinada a ser, en el Cuerpo de Cristo, el Templo del Espíritu: Uno en cuerpo y alma, el hombre, por su misma condición corporal, reúne en sí los elementos del mundo material, de tal modo que, por medio de él, éstos alcanzan su cima y elevan la voz para la libre alabanza del Creador. Por consiguiente, no es lícito al hombre despreciar la vida corporal, sino que, por el contrario, tiene que considerar su cuerpo bueno y digno de honra, ya que ha sido creado por Dios y que ha de resucitar en el último día.

N. 365. La unidad del alma y cuerpo es tan profunda que se debe considerar el alma como la forma del cuerpo; es decir, gracias al alma espiritual, la materia que integra al cuerpo es un cuerpo humano y viviente; en el hombre, el espíritu y la materia no son dos naturalezas unidas, sino que su unión constituye una única naturaleza.

De ahí se colige por qué es tan difícil deslindar hasta dónde "llega el cuerpo" y hasta dónde "llega el alma", pues en realidad todo lo corporal está permeado de espiritualidad. Un ejemplo sencillo lo constituye la alimentación. No sólo comemos, sino que de la alimentación podemos hacer un "arte". La comida humana es mucho más que la simple satisfacción de una necesidad básica, es además un hecho social, familiar, incluso cultural. Existe la educación y arte culinario, cultura e historia en prácticamente cada plato que probamos y sólo sería entendida como la satisfacción de una necesidad básica, al igual que el resto de los animales, si se tratara de una necesidad perentoria, es decir, si se hubiera sometido a la persona a un largo tiempo sin comer o beber y de pronto se le diese esa posibilidad. Sólo entonces, lo instintivo tomaría preponderancia; pero lo habitual es que todo lo humano "material" se encuentra permeado por la dimensión espiritual.

Una última precisión del *Catecismo* sobre el alma reza como sigue: "La Iglesia enseña que cada alma espiritual es directamente creada por Dios —no es producida por los padres—, y que es inmortal: no perece cuando se separa del cuerpo en la muerte, y se unirá de nuevo al cuerpo en la resurrección final" (n. 368). Con todo ello, resulta consolador saber que no se acaba todo con la disolución de nuestro componente material, el alma pervive. La conciencia de la inmortalidad siempre ha acompañado al hombre desde que es hombre, y es un testigo histórico de la certeza de la existencia del alma y de su carácter espiritual, testimoniada en las formas culturales más primitivas, desde el momento en que enterraban a sus muertos, tantas veces sirviéndose de formas rituales, incluyendo elementos que "pudieran serles de utilidad" en la "otra vida".

El milagro

El milagro escapa a la comprensión científica; si acaso, a la ciencia compete testificar que no puede dar razón de determinado hecho por causas naturales. Por esta razón, debe dejar abierta la puerta a otro tipo de explicación, como es el milagro.

Esto no quiere decir que se llame milagro a lo que hoy la ciencia no puede demostrar o explicar, pues quizá en 50 o 100 años más sea capaz de hacerlo. Denominamos "milagro" sencillamente a un hecho que —como todos los hechos— requiere alguna causa y que la ciencia no puede proporcionar, de manera independiente de la provisionalidad o el grado de desarrollo de su saber. Ordinariamente, nos referimos a las curaciones milagrosas, por ejemplo, las que se exigen en los procesos de beatificación y canonización, las cuales son tomadas en consideración sólo cuando se presentan muy bien documentadas.

Usualmente, para la instrucción de un milagro dentro del proceso de beatificación o canonización, se pide una documentación detallada con la cual testificar su efectiva realización. Además, se necesita describir cuál era la situación, qué medios humanos, técnicos, médicos, entre otros, se utilizaron. Igualmente, constatar la ineficacia de esos medios; documentar, después el recurso a la oración, tal vez la intercesión de algún santo, de la Virgen o alguna devoción particular, como la Divina Misericordia; la curación debe producirse después de la petición, ser permanente y no ser resultado natural o posible de las otras intervenciones de carácter médico. La curación puede consistir en la desaparición de los síntomas y permitir la vida normal del beneficiado, aun con permanencia de algún tipo de malformación interna o, por el contrario, una curación total, con la que desaparece toda traza de daño o enfermedad. Sobra decir que cada beatificación y canonización de alguien, siempre y cuando no sea mártir, supone por lo menos uno o dos eventos (en el caso de la canonización) de esta naturaleza.

Para algunos, la noción de milagro es contraria a la omnipotencia de Dios, casi una injuria, una especie de testimonio en el cual se deja sentado que el mundo le salió mal a Dios y continuamente lo tendría que estar parchando y corrigiendo. Algo así como los programas de Microsoft en comparación con los de Apple. Sin embargo, el milagro no se trata de una "autocorrección de Dios". En primer lugar, Dios creó al mundo en estado de vía, es decir, no completamente terminado y cuenta con nuestro esfuerzo —con la ciencia y la técnica— para terminarlo y llevarlo a plenitud. En segundo lugar, también es un dato revelado que el universo está herido por el pecado del hombre. Esto quiere decir que el pecado no sólo ha afectado moralmente al hombre, sino que ha causado un daño ontológico a todo el universo. De hecho, es así como desde la fe se explican las catástrofes naturales, que de otra forma testimoniarían o la imperfección de Dios o un carácter no absolutamente bueno.

Al respecto san Pablo afirma lo siguiente:

En efecto, la espera ansiosa de la creación anhela la manifestación de los hijos de Dios. Pues la creación se ve sujeta a vanidad, no por su voluntad, sino por quien la sometió, con la esperanza de que también la misma creación sea liberada de la esclavitud de la corrupción para participar de la libertad de la gloria de los hijos de Dios. Pues sabemos que la creación entera gime y sufre dolores de parto hasta el momento presente. Y no sólo ella, sino que nosotros, que poseemos ya las primicias del Espíritu, también gemimos en nuestro interior aguardando la adopción de hijos, la redención de nuestro cuerpo. Porque hemos sido salvados en la esperanza. Ahora bien, una esperanza que se ve no es esperanza; pues ¿acaso uno espera lo que ve? (Romanos 8, 1924).

Lo importante es la certeza de que el milagro no es una autocorrección de Dios o una "chapuza" o "talacha" divinas. Por el contrario, supone una ventana, un asomarse al ámbito de lo sobrenatural, con ello nos asomamos a ese horizonte escatológico de la humanidad, el de los cielos nuevos y la tierra nueva, "donde ya no habrá llanto, ni dolor, ni gritos de desesperación" (Apocalipsis 21, 4). El milagro es, en definitiva, una anticipación del estado escatológico del mundo, y una ventana por la cual Dios nos invita a no absolutizar lo relativo, a confirmarnos en el hecho de que la realidad que conocemos sensiblemente no agota toda la realidad, pues existe también el rico filón de lo sobrenatural.

¿Qué puede afirmar la ciencia?

Hasta ahora hemos establecido algunos límites al ámbito religioso, los cuales no debe rebasar para evitar invadir terreno ajeno y generar confusión, lo que tarde o temprano pasa factura, como se vio en el caso Galileo. Hemos visto también cómo algunas realidades escapan por definición al ámbito de la ciencia, de forma que no son su campo de estudio, y pretender otra cosa conduce igualmente a una serie de abusos; es el caso de la Creación, el alma, la Providencia y el milagro, donde a la ciencia únicamente le toca certificar que determinado hecho no tiene una explicación científica, y que se debe buscar otro tipo de explicaciones. Ahora se trata más bien de establecer una especie de gradación en lo que a contenidos científicos se refiere. Es decir, la euforia por lo científico puede conducir a la pseudociencia, de forma que uno puede encontrarse presa de un marasmo de publicaciones que presumen de ser científicas y que no todas ellas lo son, o por lo menos, no con el mismo grado de rigor.

Un ejemplo puede ayudar a comprenderlo. Hace unos meses, se llevó a cabo una conferencia sobre teoría de cuerdas titulada: "Física cuántica, agujeros negros: el universo como un holograma" impartida por la doctora en física Elena Cáceres, Investigadora de la Universidad de Austin, Texas. Al final de la ponencia, se dio un coloquio de preguntas en las que insistentemente le pedían a la doctora un dictamen sobre la religión. Varios de los participantes consideraban que la religión se había vuelto obsoleta dados los avances de la física y mencionaban teorías como la postcuántica y otras muy diversas. La doctora, una y otra vez, tuvo que precisar que las conclusiones que ellos sacaban no se deducían en ningún momento de su exposición, pues a lo que se dedicaba era a cálculos matemáticos y que, aunque no le interesaba particularmente el fenómeno religioso, trabajaba codo a codo con muchos físicos serios a los que sí les importaba la religión, y que varios de ellos profesaban diferentes credos, pues los había judíos, musulmanes, evangélicos y católicos. Pero, y es lo pertinente al caso, insistía en que debía tenerse cuidado con la pseudociencia de muchas publicaciones que presumían de científicas y no exponían sino las ideas de alguna persona, aparentemente respaldada por datos científicos. Muchos de los datos o teorías mencionados en esa ocasión por los críticos de la religión no podrían ser presentados delante de un grupo serio de científicos. De ahí se entiende que los autores de dichos panfletos se aprovechen de la ignorancia de los neófitos para difundir sus ideas, prejuicios o convicciones, bendecidas con el glorioso timbre de la ciencia, sin que tuvieran cabalmente tal condición.

Dicho en términos más coloquiales, es preciso estar atento, para que no le den a uno gato por liebre. En ocasiones, como en los casos ya mencionados por la doctora, quien, siendo especialista en física cuántica y teoría de cuerdas, nada había escuchado de "la postcuántica", la cual no era sino un constructo filosófico embarrado con algunos datos científicos e hipótesis descabelladas. El engaño puede ser patente, y en otras ocasiones el engaño puede estar camuflado, quizá incluso en el autor del texto, por la sencilla razón de querer simplificar. Ciertamente, en ocasiones la manualística o los textos divulgativos difunden hipótesis, conjeturas e incluso la proyección de los deseos de un investigador, como si fueran una ciencia sólidamente cimentada, comprobada y al uso común en la comunidad científica. Otras veces, difunden las hipótesis más verosímiles o por lo general aceptadas, pero sin especificar que son nada más que eso, hipótesis no suficientemente probadas. El problema ocurre cuando se toman ese tipo de informaciones provisionales, inseguras o no suficientemente fundadas, junto con otras que sí lo están. No se da, entonces, la oportuna distinción entre el diferente grado de certidumbre que tienen los diversos asertos. De esa forma, muchas personas concluyen en que determinado conocimiento es parte del patrimonio científico de la humanidad, pero en realidad no se trata sino de una hipótesis preliminar.

Sin embargo, muchas veces, el origen de estas confusiones tiene una matriz ideológica. No sólo la pseudociencia, frecuentemente causada por un tipo de ideología humanista que busca eliminar cualquier ventana a la trascendencia o a lo sobrenatural, sino también el cientificismo, al buscar absolutizar el conocimiento científico, intentan que el hombre no mire a ninguna otra fuente del conocimiento, sin saber que esa elección en sí misma no es científica, sino ideológica, de carácter filosófico. En efecto, la ciencia está limitada por su método, el cual requiere control experimental, es decir, circunscribirse a lo material. Como agudamente observa Artigas:

> Si se afirma que la ciencia experimental es el paradigma al que deberá imitar toda pretensión cognoscitiva, el materialismo aparecerá como una ontología unida a la ciencia. Pero, al adoptar esa posición, se incurre en una abierta contradicción, ya que la tesis cientificista no es una conclusión de ninguna ciencia y, por consiguiente, carece de validez si se le aplica el criterio que en ella se establece (Artigas, 2007: 97).

Un amplio sector de la ciencia donde se ha verificado esta subrepticia corrupción de lo científico por lo cientificista, muy difícil de descubrir para los neófitos, es el denominado "evolucionismo". Podríamos sintetizar la tesis así "evolución sí, evolucionismo no". ¿Cuál es la diferencia entre ambos? Básicamente, es la distinción entre ciencia propiamente dicha y ciencia impregnada de una ideología particular, la cual se esconde o camufla detrás de argumentos científicos. Se trata de una ideología no reconocida de forma abierta. Sin embargo, como toda ideología, es muy diversa de la ciencia, no parte de la admiración provocada por el descubrimiento de lo real, por la búsqueda de la verdad, sino que tiene una serie de postulados y axiomas como punto de partida, los cuales supone y no demuestra —porque no los puede demostrar— que deben ser evidentes para todos. La superchería se descubre y es evidente cuando otros especialistas del mismo tema, en este caso la evolución, no comparten sus principios, sencillamente porque no comparecen en el laboratorio, ni en ningún género de explicación científica, sino que son fruto exclusivo de los prejuicios del científico evolucionista.

Existe, por ejemplo, un dogmatismo rígido del neodarwinismo que, a los datos científicos convenientemente asentados de la evolución, une un ingrediente materialista que, en cambio, no está por ningún lado demostrado de manera suficiente. En otras palabras, mantienen la evolución, lo cual es acorde con el desarrollo de la ciencia contemporánea, pero le añaden el apellido "materialista", como si fueran sinónimos "evolución" y "materialismo", y ni siquiera son nociones intercambiables.

En el caso del neodarwinismo materialista, al tener una raíz ideológica y determinar unilateral y firmemente una serie de principios incuestionables (lo que no es propio de la ciencia, si acaso de la ideología o de la religión), esta cerrazón ha frenado presumiblemente el avance científico. En efecto, los "dogmas científicos" no desarrollan la ciencia, sino la frenan. Esto sucede al obligar, por motivos ajenos a la ciencia, a seguir una pista falsa o, por lo menos, no suficientemente sustentada, con lo cual evitan que otros investiguen por derroteros diversos.

El dogmatismo científico no es acorde con el falsacionismo que, según Karl Popper (1902-1994), filósofo de la ciencia, es la actitud adecuada para el hombre de ciencia. En efecto, siguiendo aquí a Mariano Artigas, la *falsabilidad* viene a ser el criterio de demarcación del saber científico. Bajo ese criterio, sólo es científico lo que es *falseable*; igualmente, lo que no pueda ser *falseado* no puede ser científico. Muchos científicos utilizan este argumento para desechar la filosofía y la religión como fuentes de auténtico conocimiento, cuando lo único que demuestran realmente es que no califican como ciencia, sino otro tipo de saber. La *falsabilidad* propia de la ciencia consiste, sin embargo, en no pertrecharse detrás de incuestionables dogmas. Una auténtica actitud científica, por el contrario, debería ofrecer las claves o los indicios que tirarían por tierra la teoría propuesta. Es la clave de lo que Popper llamará "actitud crítica", la única pertinente al ámbito científico, que se distancia de la contraria, la actitud *verificacionista*. Los científicos auténticos, entonces, más que encontrar verificaciones a su teoría, buscarán contrastaciones; más que blindarla, optarán por exponerla a las críticas, ya que sólo de esa forma progresa la ciencia. Los dogmas funcionan para la fe no para la ciencia. Más aún, cuando se exportan a la ciencia, ésta se convierte en ideología (Artigas, 2007: 171-185).

Es preciso deslindar con precisión las dificultades e insuficiencias de la ciencia, en este caso de la evolutiva, en beneficio de ella misma.

Aquello resultará útil para saber hacia dónde debemos dirigir la investigación y qué podemos afirmar con certeza y qué no, además de reconocer los problemas existentes. ¿Cuáles podrían ser? En el caso de la teoría de la evolución nos encontramos, junto a multitud de elementos que clarifican nuestra comprensión del hombre y la vida actual, también con una vastedad de interrogantes que es preciso dilucidar. Sin ser exhaustivos, podrían señalarse las siguientes: la insuficiencia del registro fósil, las discrepancias existentes entre biología molecular y paleontología; las filogenias (el origen concreto de seres vivos a partir de otros, que se da como comúnmente aceptado y no ha podido ser documentado en su totalidad); la formación de órganos altamente sofisticados como el ojo o el oído, entre otros.

Obviamente, estas dificultades no desmienten en su conjunto a la teoría de la evolución; sólo significa que faltan muchas cosas por explicar. Probablemente, en alguna parte del camino científico nos hemos extraviado o seguido quizá una pista falsa. Es necesario entonces buscar una mayor exactitud a la hora de transmitir los datos científicos, o al tratar de decir claramente en cuál de los siguientes niveles nos estamos moviendo: ley, teoría, hipótesis, suposición o simple deseo.

En este caso, a veces se manifiestan de modo indiferenciado, como si lo supiéramos muy bien, realidades que, en cambio, siguen representando hondos problemas para la comunidad científica. El origen absoluto de la vida, por ejemplo, es un misterio, y nos encontramos con científicos serios que ofrecen explicaciones descabelladas. Es decir, el sostener que llegó a la Tierra en un meteorito, por la famosa *panspermia* defendida por Svante Arrhenius (1859-1927), Fred Hoyle y Francis Crick, con lo cual, no explica nada, porque entonces, ¿cómo llegó la vida al meteorito?

Otro ejemplo, mencionado líneas arriba, pero es muestra evidente de la facilidad para dar como ciencia sólida lo que sólo es una hipótesis por el momento generalmente aceptada. Se trata de la evolución de un estado de vida más precario a otro superior. Se toma por supuesto que la vida humana viene, no ya del mono, sino del mar, y esa vida marina, a su vez, de las algas, y éstas de las bacterias. Como hipótesis funciona bien, pero hasta la fecha nadie ha podido explicar el cómo.

La multitud de vacíos en la cadena evolutiva, es decir, la ausencia de un registro fósil completo, sin una explicación convincente de las causas de este fenómeno está allí, pidiendo a gritos una explicación. Esto ha llevado a muchos evolucionistas a pensar seriamente que no basta la selección natural con las mutaciones genéticas al azar para explicar la cadena evolutiva. Deben de existir otras leyes biológicas que no terminamos de conocer bien. Algunos, por ejemplo, al estudiar los genes que regulan la formación del cuerpo y el ojo, han sugerido que existe un exceso de material genético o material genético "basura" en el ADN, cuya utilidad se desplegaría con el tiempo, según un criterio no especificado. Es decir, se aventuran a proponer algo que va más allá de Darwin y sus principios evolutivos. Obviamente, para los defensores a ultranza del neodarwinismo, aquello es inadmisible, pero de nuevo comparecen aquí principios o prejuicios metacientíficos o, sencillamente, el haber convertido la ciencia de Darwin en ideología, en un dogma intocable.

Esto no se ha dado sólo en el ámbito evolucionista. También la ideología ha contaminado muchos campos de la investigación científica por motivos ajenos a la ciencia, por prejuicios, por intereses marcadamente políticos o económicos. Es el caso, por ejemplo, de la investigación sobre células madre embrionarias. Se han obtenido mejores resultados las células madre adultas, las que además no ofrecen reparos éticos, y, sin embargo, se siguen invirtiendo cantidades mucho mayores de recursos en las células madre embrionarias, ¿por qué?

¿Cuál es el terreno filosófico-metafísico?

El peligro de confusión comienza con el uso del lenguaje. La razón es que existen términos equívocos, utilizados de manera ambivalente por ciencia y filosofía que no significan exactamente lo mismo, pero a veces se utilizan ignorando este límite. Vocablos como "nada", "vacío cuántico", "creación de la materia" pueden tener un significado en el ámbito científico, pero cuando el científico los "exporta" al terreno filosófico o empieza a darle un sentido filosófico, comienza a pisar terreno pantanoso.

No tiene nada de particular dar este paso, ya que el científico, además de ser hombre de ciencia, es, valga la redundancia, hombre y se cuestiona por el sentido de las cosas con el propósito de extraer consecuencias que van mucho más allá de los cálculos matemáticos, como solemos hacer todos los hombres. Sin embargo, no debe olvidar que, al hacerlo, abandona el pedestal desde el que podía con toda autoridad pontificar, para ingresar en el ámbito filosófico donde quizá sea todavía neófito.

Lo anterior no significa una prohibición, un letrero de "no pasar", sino todo lo contrario. Constituye una invitación a la interdisciplinariedad. En el marco de la anécdota anteriormente relatada sobre la conferencia de la doctora en Física Elena Cáceres en torno a la teoría de cuerdas y las diferentes intervenciones "antirreligiosas" de algunos llamados científicos aficionados, la doctora con honestidad reconocía hasta dónde podía llegar la ciencia al explicar, por ejemplo, que la Creación escapaba al ámbito de la física y pedía a los filósofos compartir conocimientos. Ella se ofrecía a explicar lo que de física sabía y pedía, a cambio, que alguien le explicara las consecuencias filosóficas de lo que estaba afirmando. Un maravilloso ejemplo de auténtica sabiduría, pues se mostró humilde al reconocer los propios límites del conocimiento. El hecho de que existan cuestiones limítrofes entre ciencia y filosofía, más que una invitación a retraerse, a recoger banderas y no preguntar, es por el contrario una invitación a compartir conocimientos, a desarrollar una fecunda interdisciplinariedad.

Esta última no es posible, sin embargo, si la persona se considera unilateralmente en la posesión absoluta de todo conocimiento, de forma que no necesita más. El orgullo enceguece hasta cerrar las puertas de la auténtica sabiduría, del saber estructurado.

Una de las cuestiones donde con frecuencia los físicos o científicos abordan cuestiones filosóficas, ocasionalmente del modo equivocado, es en el tema del Big Bang, mencionado hace poco. Es muy fuerte la tentación de identificar Creación con Big Bang y, al hacerlo, surge una ulterior tentación científica que busca "husmear" antes de la Creación, es decir, preguntarse por lo ocurrido antes del Big Bang. Pero como ya se ha señalado, es un equívoco identificar ambas cosas (*Cf.* Artigas, 1992: 147-168).

En ocasiones se utiliza también muy a la ligera el término "creación". Incluso, puede utilizarse dependiendo del contexto, pero no hay que olvidar que en filosofía tiene un sentido fuerte y único, pues es la producción de algo a partir de la nada, recibir el ser. Uno puede hablar, en ámbitos distintos, de creación artística, por ejemplo, que guarda analogías con el sentido filosófico, pero que no es pura y llanamente lo mismo. Así, en física se habla con frecuencia de "creación de la materia a partir de la energía", o a la inversa. Tanto la materia como la energía tienen un soporte material, pero no se identifican con la nada filosófica.

En esa misma línea, algunos físicos identifican la "creación a partir de la nada" como una "fluctuación del vacío cuántico", con lo que pueden así describir el origen del universo sin tener necesidad de recurrir a un creador. Sin embargo, el vacío cuántico no es la nada, es un estado físico que puede ser descrito con diversas ecuaciones matemáticas, pero no es la nada en sentido filosófico y, por supuesto, no elimina la necesidad de Dios para explicar el universo.

En sentido inverso, existe una serie de teorías que aspiran a ser científicas, pero se trata en realidad de explicaciones filosóficas de los resultados científicos. Vale decir, los mismos científicos intentan extraer conclusiones filosóficas, pero en sentido inverso. Si antes parecían querer demostrar científicamente que Dios y en consecuencia las religiones eran obsoletos, ahora otro grupo de investigadores se proponen demostrar científicamente la necesidad de un creador.

Esa necesidad se puede probar, y de hecho se ha probado en ámbito filosófico, con las dificultades que eso supone. No se trata de una demostración como las propias de la ciencia, que comparece en el laboratorio y por eso mismo es aceptada por todas las personas. Es una demostración epistemológicamente más débil, pues no goza del mismo grado de evidencia. Se apoya en una serie de argumentos convergentes y en mostrar la conveniencia de éstos, de forma que es mucho más lógico y coherente aceptarlos, y llevarlos a su negación conduce a un mayor número de aporías.

Principio antrópico

El primero de estos intentos dentro del panorama científico reciente es el llamado Principio antrópico, formulado por primera vez en 1974 por Brandon Carter (1942). Se trata de una sutil introducción de la teleología —un principio filosófico— en el ámbito de la ciencia. Como la teleología es connatural al ejercicio racional, es muy disculpable dar ese paso. La teleología no es otra cosa que el principio de finalidad. Todo agente obra por un fin, el fin tiene razón de bien, y conocer el fin supone tener una explicación de un hecho determinado. Por ejemplo, si me entero de un asesinato, debo explicarlo, si consigo conocer el fin o móvil del asesino, tengo una explicación; si sólo tengo el asesinato, pero ningún motivo o explicación, no conozco el fin por el que se produjo (celos, dinero, venganza, entre otros), por lo cual permanece el misterio.

El Principio antrópico conoce dos formulaciones, una fuerte y otra débil. La fuerte sostiene llanamente que la ciencia muestra la existencia de un plan conjunto en el universo, un plan para hacer posible la existencia del hombre. ¿A qué puede deberse? En este caso son muchas las variables que si cambiaran ligeramente harían imposible la vida del hombre sobre la Tierra. Por ello, no nos queda sino pensar que todo está finamente calibrado para que exista la vida humana en el universo. De otra forma no se explica, pues es tal el grado de complejidad requerido que, por probabilidad, ni siquiera con los casi 15 mil millones de años del universo podría haberse verificado algo que de lejos se asemejara a la vida humana. Luego, el universo entero está pensado en función del hombre.

Es curioso, pues parece una especie de efecto pendular. Así como al principio Copérnico y después Darwin despojaron al hombre de su carácter primordial y privilegiado en el universo —carácter privilegiado, coherente además con los principios de carácter religioso, piénsese, por ejemplo, en los relatos del Génesis—, ahora Brandon Carter y un conjunto de científicos le devuelven al hombre su relevancia y protagonismo dentro del universo. Llama la atención que todos los mencionados son científicos. Sin embargo, los presupuestos filosóficos de Darwin y Carter son diferentes, eso explica que de datos científicos semejantes obtengan conclusiones divergentes. ¡No están haciendo ciencia, se han pasado inadvertidamente a la filosofía!

Por otro lado, el Principio antrópico débil, como su nombre lo indica, es más moderado. Viene a decir algo obvio, las leyes científicas que conocemos deben ser compatibles con nuestra existencia, lo que es evidente dado que existimos. Sin embargo, conforme ha ido avanzando la ciencia "hacia atrás", o sea, hacia la descripción de las condiciones originales del universo, queda cada vez más patente que las leyes físicas no han sido siempre como son ahora y podrían haber sido muy diferentes de como hoy las conocemos. Al mismo tiempo, la más ligera variación en las leyes que conocemos, haría inviable la vida del hombre. Parece ser demasiada casualidad, muchos pensamos que es así, pero al hacerlo, una vez más, no estamos haciendo ciencia, sino filosofía. Científicamente, lo que cabe es mostrar, por ejemplo, la probabilidad existente, pero las consecuencias que de ese dato saquemos, son ya filosofía.

Por lo anterior, el Principio antrópico, si bien es muy sugerente y toma como punto de partida datos científicos, no es en sí mismo ciencia, sino filosofía de la naturaleza, y bien cimentada, puesto que toma en cuenta los resultados de las investigaciones científicas de punta y extrae consecuencias lógicas de ellos. Dichas consecuencias tienen un carácter filosófico y no científico, aunque las premisas sean científicas.

Diseño inteligente

En el año 1996, Michael J. Behe (1952) publicó un libro de gran repercusión que significó, quizás, la más aguda crítica al darwinismo ortodoxo en tiempos recientes. Se titulaba *La caja negra de Darwin*, donde evidenciaba una cantidad grande de supuestos con los que trabajaba el darwinismo ortodoxo y que en realidad no podía explicar, es decir, más que explicarlos o entenderlos, en realidad los acepta sin dudarlo. Se trataba, entonces, de una fe científica en los postulados de Darwin.

Behe ponía el énfasis en lo que denominó "sistemas de complejidad irreductible". En otras palabras, aquellos sistemas —frecuentes en la naturaleza— en los cuales es preciso coordinar de manera simultánea multitud de elementos, con un ajuste fino, de forma que, si alguna pieza faltara, o el ajuste no está lo suficientemente bien calibrado, no podría funcionar el sistema en su conjunto.

¿Por qué lo anterior iría en contra de los postulados darwinianos? Esto se debería a que excluye absolutamente que la evolución sea sucesiva y gradual. El sistema no puede ser resultado de un proceso evolutivo, porque sólo es útil al final del camino. En cada una de sus hipotéticas etapas sólo sería un lastre para la especie que lo estuviera generando. Más que darle una ventaja competitiva, sería una desventaja que la dejaría peor preparada para la supervivencia. Un sistema de este estilo excluye absolutamente el proceso evolutivo, ya que para darse debe surgir íntegro o culminado.

El ejemplo sería el siguiente: "El flagelo de las bacterias, un mecanismo que les permite moverse y que consta de una serie de componentes unidos de tal modo que la ausencia de cualquiera de ellos haría imposible el funcionamiento del flagelo" (Artigas, 2007: 129). Si bien no es el único caso, es el que prefiere Behe al ser especialista en biología molecular. Además, en un nivel "macro", pueden enunciarse otros ejemplos concretos y más "cotidianos", o por lo menos visibles, como el del escarabajo pelotero. Un insecto con un sistema de defensa altamente sofisticado, que sólo funciona si está completo, terminado; bajo ningún sentido tendría viabilidad como ser viviente, si le faltase alguno de los elementos de su sistema defensivo. Otro ejemplo es el del ojo como órgano de gran complejidad, el cual difícilmente tendría una utilidad o supondría una ventaja, si fuera resultado de un proceso gradual o sucesivo. Una vez más, sólo sirve y funciona cuando ha sido terminado y calibrado convenientemente. Ante esto, no se puede explicar como resultado de una evolución sucesiva y gradual, antes sugerida por Darwin.

Otro de los defensores del Diseño inteligente es William Dembski (1960), matemático y especialista en informática. Desde su perspectiva, la formación del universo requeriría un diseñador, como la existencia de un programa supone un programador. Visto ya que existe un diseño omnipresente en la naturaleza, se colige entonces que debe haber un diseñador. Cuando algo posee complejidad específica se puede asumir que fue producido por una causa inteligente, ha sido diseñado.

Un ejemplo proporcionado por Dembski: "Una sola letra de un alfabeto es específica sin ser compleja. Una larga frase de letras escogidas de forma aleatoria es compleja pero no específica. Un soneto de Shakespeare es complejo y específico" (Dembski, 1999: 47). Los detalles de los seres vivientes tienen esa misma característica, especialmente los patrones de secuencias moleculares en las moléculas biológicas funcionales como el ADN. Dembski define el concepto de información compleja específica como cualquier cosa que tenga menos de una oportunidad en 10^{150} de ocurrir de forma espontánea. Es decir, lo que es prácticamente improbable, por lo menos de manera estadística.

Pero una vez sentadas estas premisas, que en realidad critican al darwinismo ortodoxo y a plantearle un problema consistente, se da paso a la parte constructiva de la teoría, que es muy alentadora. Al parecer, es muy similar al Principio antrópico. Efectivamente, en todo el universo hay abundancia de evidencias que muestran su "ajuste fino". Vivimos en un universo delicadamente ajustado, lo que muestra de manera abrumadora la necesidad de un diseño, y quien habla de diseño es muy fácil que hable de diseñador.

Las aporías a las que conduce el darwinismo ortodoxo llevan a pensar que el universo, más que ser fruto de un azar caótico o fruto de la irracionalidad, como afirma la cosmovisión evolucionista, en realidad es expresión de una lógica maravillosa, y por doquier muestra evidencia de un diseño racional, inteligente, cuya prueba más convincente es el ajuste fino del que somos testigos y hace posible la vida del mundo.

El sacerdote jesuita Manuel Carreira (1931-2020), quien además es físico, astrónomo y teólogo, hace un interesante elenco de los fuertes motivos científicos que llevan a sostener la teoría del Principio antrópico y, en consecuencia, del Diseño inteligente, hasta el punto de concluir: "¿Por qué es el universo como es? Porque está hecho para el hombre" (Carreira, 2004: 125). Aunque no sean todos los datos científicos, ni Carreira sea el único que los afirme, sin lugar a dudas invita a pensar. Si uno quisiera cambiar cualquiera de estas variables, aunque fuera en un grado ínfimo, no podríamos existir.

El universo tiene una masa aproximada de 10^{56} gramos. Si fuera a la 55 o a la 57, no podríamos existir. El protón es 1 836 veces más pesado que el electrón, pero si fuera solo 1 500 o 2 000 veces más pesado, no podríamos existir. En física hay cuatro fuerzas, y sólo cuatro: gravedad, electromagnética, nuclear fuerte y nuclear débil. Si comparo la fuerza gravitatoria con la electromagnética, encuentro que en la interacción entre dos electrones la fuerza electromagnética es de manera increíble más potente que la fuerza gravitatoria, y si variase ligeramente esta proporción, no podríamos existir. A su vez, la fuerza nuclear fuerte es 137 veces más intensa que la electromagnética, ¿qué ocurriría si lo fuese 150 veces? No podríamos existir.

¿Y si el Sol tuviese 10% más de masa o 10% menos? ¿Si estuviésemos 10% más cerca o más lejos del Sol? ¿Si la Tierra tuviese 10% más o menos de masa? ¿Si no tuviéramos la Luna? Lo más inmediato de responder es que no podría darse lo que conocemos como existencia humana.

El caso de la Luna es particularmente interesante, pues surge de la colisión de otro planeta primitivo, poco mayor que Marte, con la Tierra primitiva hace aproximadamente 4 500 millones de años. Ambos planetas tenían dos núcleos duros de hierro que se fundieron en uno, y de ese choque salió al espacio una nube incandescente que formó la Luna. El núcleo caliente de hierro de la Tierra, que gira rápidamente, produce un campo magnético alrededor de la superficie terrestre, que protege de las partículas cargadas de energía provenientes del espacio, de los rayos cósmicos. "Si no tuviésemos ese campo magnético, los rayos cósmicos estarían constantemente causando mutaciones en los seres vivos" (Carreira, 2004: 114).

La Luna, además, ha funcionado como un balancín, y ha ido frenando el giro de la Tierra, de forma que no tenemos continuamente vientos huracanados en la superficie; contribuye, así, a crear una atmósfera tranquila y uniforme, apropiada para la vida. "Las estaciones del año se deben a que el eje de giro de la Tierra no es perpendicular al plano de su órbita... Si la Tierra tuviese el eje de giro vertical, habría una franja central abrazada y dos franjas extremas siempre heladas" (Carreira, 2004: 114). Sin la Luna, cambiaría la inclinación de la Tierra y produciría cambios de clima incompatibles con la vida tal y como se conoce. La Luna, en cambio, mantiene la inclinación del eje de la Tierra.

La atmósfera de la Tierra retiene parte del calor del Sol; sin ella, no estaríamos aquí. "Para retener una atmósfera, un planeta necesita suficiente masa, y necesita también no tener una temperatura demasiado elevada... de todos los posibles planetas de tipo terrestre (del sistema solar) sólo la Tierra tiene el conjunto de propiedades de masa, órbita, composición, etc., para que podamos nosotros estar aquí" (Carreira, 2004: 121).

Mariano Artigas, por su parte, ofrece también otro elenco de variables finamente ajustadas que hacen posible la vida humana, que podrían haber sido diferentes. A continuación, pasamos a mencionar dichas propuestas:

Si la fuerza de gravedad fuese un poco mayor, las estrellas consumirían rápidamente su hidrógeno; en consecuencia, el Sol no habría existido de modo estable y durante tiempo suficiente como para permitir el desarrollo de la vida... Si la gravedad fuese algo menor, el Sol sería demasiado frío y el resultado hubiese sido igualmente funesto para la vida... La expansión del universo parece depender de la relación que existía entre el número de fotones y el de partículas nucleares en una fase primitiva del universo. Si la expansión fuera más rápida, no se habrían formado las estrellas y, por tanto, no existirían el Sol ni la Tierra (Artigas, 2007: 292-293).

De hecho, la ciencia ha ido encontrando una serie de constantes, es decir, magnitudes que tienen siempre el mismo valor. Algunas de esas constantes se llaman "fundamentales o universales o de la naturaleza", precisamente porque definen características básicas del mundo, y si tuvieran valores diferentes de los que poseen, el mundo sería muy distinto. Los físicos se dedican a medirlas con mayor precisión cada vez, y por el momento no tenemos ninguna teoría que explique por qué tienen esos valores y no otros. Actualmente se conocen unas 19 constantes universales, entre las que figuran la velocidad de la luz, la carga del electrón, la constante de Planck, la constante de la gravedad, entre otras (*Cf.* Artigas, 2007: 294).

En otras palabras, no sólo debe pensarse que si el hombre existe es porque se da ese ajuste fino, lo que llevaría a suponer que todo el universo en cierta forma estaría diseñado para hacer posible la vida humana, sino que esa evidencia del diseño supera incluso la facticidad de que el hombre exista o no, y permea todas las dimensiones de la realidad. El Diseño inteligente no ignora el papel del azar, del caos, del desorden. Por el contrario, los integra en un plan más amplio en que hace cooperar a la casualidad y al desorden en un plan de orden superior. El azar es, en el marco de este postulado, correlativo al orden. Sin orden no hay azar, sin cosmos no hay caos. Esta aseveración, por lo menos en su vertiente filosófica y semántica, está cargada de sentido. El azar sólo puede comprenderse dentro de un marco de orden. Es, por decirlo de alguna manera, la excepción que confirma la regla, o un ingrediente que le da vida al orden. Sobre el azar absoluto no se edifica la racionalidad, ni el sentido. No tendría razón de ser hablar de azar si todo se tratara del azar.

Sin embargo, una vez más, hemos pasado al ámbito de la filosofía. Los datos científicos son leídos en clave teleológica y de ahí surge una filosofía muy rica, mas no ciencia. En este sentido, ha sido interesante el fuerte debate que se ha dado con los partidarios del evolucionismo. La cuestión de fondo va más allá de si algunos están de acuerdo con la evolución, o de asentar sencillamente que, pese a los deseos de algunos científicos, la evolución no lo explica todo. Así, la cuestión de fondo es filosófica.

Los evolucionistas, pertrechados detrás de una prestigiosa teoría científica, extraen consecuencias que van mucho más allá de la ciencia, y ofrecen una cosmovisión del universo muy concreta, es decir, una visión de totalidad sobre la realidad. En esa visión, el principio básico, motor que rige todo el proceso evolutivo y de la historia es el azar. Sólo el azar ha guiado caprichosamente al proceso evolutivo, hasta que en un determinado momento surgimos los hombres. La vida humana, la vida en su conjunto, y el universo que conocemos no sería sino fruto del azar. Uno de los clásicos de esta "visión azarosa" del universo es Jacques Monod (1910-1976), premio Nobel que publicó en 1970 *El azar y la necesidad. Ensayo sobre la filosofía natural de la biología moderna*. En esta obra sentencia lacónicamente una expresión que ha hecho fama universal: "Nuestro número salió en el casino de Montecarlo" (Monod, 1993: 149). Y añade: "El universo no estaba preñado de vida, ni la biósfera llevaba al hombre en su seno... El hombre sabe ahora que está solo en la inmensidad indiferente del universo de donde ha emergido por azar" (Monod, 1993: 179).

Pero el azar es por definición irracional. De esa forma, el surgimiento de la razón, la ciencia y la religión se explicarían por el azar: la racionalidad sería fruto de la sinrazón. En los casos más patéticos, por ejemplo, se afirma que la religión es parte del proceso evolutivo del hombre. El evolucionismo da a entender que la evolución lo impregna todo, incluso las creaciones culturales del hombre, y que su única regla es el azar, es decir, no tiene regla, de manera que debemos aceptar, como lo más cuerdo y lógico del mundo, que la racionalidad tal y como la conocemos no es más que el fruto de la irracionalidad.

El evolucionismo puede ofrecer ejemplos que apoyan su perspectiva como son las extinciones masivas de seres vivos que ha conocido la Tierra. Se han descrito con precisión cinco extinciones masivas. La más conocida y reciente es la que terminó con la vida de los dinosaurios, señores de la Tierra hasta hace 64 millones de años. Según diversas hipótesis, fue algo casual, vale decir, podría no haber sucedido. El impacto de un meteorito gigantesco en lo que hoy es la península de Yucatán, en México, o una serie de erupciones masivas de volcanes en lo que actualmente es el sur de la India. Así, por ejemplo, se probaría cómo elementos azarosos tuvieron y tienen un peso muy grande a la hora de definir quién vive y quién no. En otras palabras, existimos por suerte.

En el lado inverso tenemos al Diseño inteligente. Los datos son los mismos. Es tan poco probable que salga ese número premiado de la lotería de Mónaco, es tan poco tiempo casi 15 mil millones de años, para que probabilísticamente pueda existir la vida humana tal y como la conocemos, que resulta más lógico pensar en un diseño, un plan general que integre también los ingredientes azarosos.

Los evolucionistas en realidad estarían en contra, y podrían demostrar que es falsa la idea de un plan lineal, de un diseño lineal, siempre ascendente. Pero nadie sostiene eso, o no tiene por qué ser así. Por el contrario, tal cantidad de suerte es "demasiada suerte", e invita a pensar en un libreto preestablecido, que es lo suficientemente rico como para integrar los factores contingentes y azarosos en un final lleno de sentido, como lo vemos de forma abrumadora en la naturaleza.

Como bien puede apreciarse, se trata de interpretaciones sobre datos científicos. Muchas veces los mismos datos han suscitado explicaciones divergentes. La palabra final aquí no parece ser dictada por la ciencia. La ciencia ofrece las premisas, la conclusión tendrá que ser filosófica, ¿cuál resulta más consistente?

A diferencia del creacionismo, el Diseño inteligente sí ha conmovido los cimientos del evolucionismo. Los evolucionistas radicales han aceptado debatir con los científicos defensores del Diseño inteligente. Se trata de un curiosísimo debate filosófico desarrollado por científicos. Muchos de los científicos ateos más prominentes, como Richard Dawkins, han debatido o escrito en polémica con la teoría del Diseño inteligente. De hecho, la tesis de Dawkins es que el azar omnipresente en la naturaleza puede "dar la impresión de diseño", pero no es propiamente un diseño. Stephen Hawking, por su parte, presenta su teoría de los multiuniversos precisamente para quitar fuerza a la teoría del Diseño inteligente, de forma que el universo en el cual vivimos, es uno entre muchos, beneficiado de manera exclusiva por una probabilidad estadística entre muchas. A más universos, menos exclusividad del universo en el cual existe un ajuste fino que hace posible la vida. En cualquier caso, la teoría del Diseño inteligente constituye un interlocutor válido para el evolucionismo, como no lo ha sido en cambio el creacionismo. La razón es que la primera, aunque es una postura filosófica, tiene fundamentos propiamente científicos; mientras que el segundo es claramente una postura ideológica, con fundamentos pseudocientíficos o sin fundamentos, como prefiera verse.

Por ello el evolucionismo toma en serio al Diseño inteligente, pues le quita el monopolio de la ciencia. Ahora existen otros científicos serios que hacen en verdad ciencia y enfocan de modo distinto el problema. No quiere esto decir que sólo existan estos dos bandos, de forma que se haya polarizado radicalmente el panorama científico contemporáneo. Hay también científicos y pensadores que no se adscriben a ninguna de las dos teorías. Sin embargo, sí son las dos escuelas entre las que se ha dado el más encendido debate científico-filosófico durante el inicio del tercer milenio.

Temas científicos con repercusiones filosóficas generadores de inestabilidad

Cabe recordar que la tesis del presente trabajo consiste en afirmar que es posible un entendimiento armonioso entre ciencia, filosofía y religión; entre razón y fe. Para alcanzar esa visión armoniosa, fruto sabroso de la sabiduría o saber arquitectónico, se precisa de la interdisciplinariedad, del fecundo intercambio entre los diversos saberes. Esta interdisciplinariedad supone una actitud humilde entre quienes cultivan los diversos saberes, ya que implica no convertir en absoluto la propia parcela del conocimiento y estar abierto a la posibilidad y a la necesidad de tender puentes, muchas veces también terminológicos y conceptuales, para aproximarnos a la rica realidad desde perspectivas diversas pero convergentes. Se trata de ser consciente de que la propia visión humana no agota la realidad.

Sin embargo, si bien ésta es la tesis, y sería deseable que así se diera de hecho, ya desde las primeras páginas quedó asentado cómo falta mucho por hacer, y que dista bastante trecho todavía para que exista un consenso al respecto entre hombres de ciencia, de filosofía y de religión. El presente trabajo tiene el propósito de ser una sencilla aportación en ese sentido, pero como tal, no puede obviar las dificultades que actualmente se presentan para con seguir tal meta. Es decir, existe una serie de temas científico-filosóficos refractarios a conseguir tal entendimiento, en los cuales, lejos de tenderse puentes, parecen abrirse abismos o, por lo menos, dificultarse el entendimiento entre los diversos modos de conocer, por chocar frontalmente los descubrimientos de alguno de ellos con los principios del otro.

Azar

¿Cuál es el papel del azar en la evolución?, mejor aun, ¿cuál es su papel en toda la naturaleza?, ¿es el principio primordial, la explicación última? Como veíamos, las diversas aniquilaciones masivas que han existido en la Tierra, la extinción de algunas especies, el proceso evolutivo no lineal, sino zigzagueante que se antoja cruel en la mayor parte de los casos, ¿no invitan a pensar de ese modo?

Como también observamos líneas arriba, este problema no es en realidad más que un pseudoproblema y depende de la interpretación —en este caso, filosófica— que le demos. De hecho, filosóficamente hablando, el término *azar* es correlativo al de *orden* y sólo tiene sentido en un contexto de orden, así como el término *caos* se entiende en relación al *cosmos*; del mismo modo como el mal no es algo en sí mismo, sino la privación de un bien debido.

La noción de "causa" en la mecánica cuántica

Ahora bien, existen otros temas más técnicos en el ámbito científico, los cuales pueden tener una lectura que cimbre algunos de los fundamentos del pensamiento filosófico. Por ejemplo, algunos aspectos de la mecánica cuántica parecen cuestionar propiedades básicas de la filosofía clásica, como las nociones de *causa* o de *sustancia*. En algunos fenómenos típicos de dicha teoría física parecen perder estas nociones su sentido inmediato y espontáneo.

La "no-causalidad" en la física cuántica o el hecho, por ejemplo, de que un efecto modifique a su causa, como parece suceder en algunos fenómenos descritos por la mecánica cuántica, que incluso no haya una interacción perceptible entre un hecho y su efecto, precisan de un estudio más profundo y necesariamente interdisciplinar, es decir, realizado por personas que conozcan muy bien la mecánica cuántica. Además, tienen que poseer una debida orientación con personas que dominen la filosofía, en concreto, las nociones de sustancia y causalidad.

Junto a la "no-causalidad", se encuentra también la "no-localidad" y, en general, muchos elementos de la mecánica cuántica parecen funcionar en forma diversa a como se explican normalmente en el conocimiento ordinario. Dicho de otro modo, no concuerdan con lo que podríamos llamar sentido común de la gente o la forma natural del pensar. La "no-localidad" se relaciona con la posibilidad de acciones físicas más rápidas que la velocidad de la luz (lo cual es controvertido e hipotético). Se trata de saber "hasta qué punto y de qué manera están conectados sucesos en apariencia independientes. Algunos experimentos parecen indicar que, en algunos casos, existen correlaciones que no corresponden a las ideas intuitivas" (Artigas, 2003: 182). Sin embargo, como siempre, es preciso delimitar con precisión a qué nos referimos. Por ejemplo, explica Mariano Artigas: "A veces se afirma que en el mundo cuántico existen sucesos sin causa; pero se trata de una confusión que sólo surge si se identifican determinismo y causalidad: una vez desecho el equívoco, es fácil reconocer que todo proceso, también en el nivel cuántico, exige la existencia de causas que expliquen su producción, aunque quizá se trate de una causalidad no determinista" (Artigas, 2003: 282).

Relación entre mente y cerebro

La relación entre mente y cerebro es la versión moderna de las relaciones entre cuerpo y alma, tan ricas en la historia del pensamiento. Todo el racionalismo adolece del problema de integrar convenientemente lo que ya antes habían conseguido los planteamientos antropológicos de Aristóteles y santo Tomás de Aquino. Sin embargo, si antes parecía estar claro el horizonte, los actuales descubrimientos de neurofisiología han complicado enormemente el panorama. Se torna difícil deslindar los límites. Saber qué compete al cuerpo y qué es manifestación del alma. La tentación próxima del cientificismo es reducir toda la actividad intelectual del hombre al trabajo cerebral, convirtiendo, una vez más, al alma en epifenómeno de la materia, es decir, reducirla a un producto, si bien más sofisticado, de la evolución y la corporeidad.

Sobra decir que esta pretensión va mucho más allá de los resultados obtenidos, entre otros motivos porque, si bien ahora sabemos muchísimo más sobre el funcionamiento del cerebro, también es verdad que sabemos todavía muy poco, nos quedan muchos cabos sueltos y somos conscientes de ello. En otras palabras, en el ámbito científico todavía nos encontramos en un estado preliminar del saber científico sobre el cerebro. Una vez que se encuentre suficientemente estructurado y esclarecido, se precisará, sin duda, una madura confrontación con diversos planteamientos filosóficos. Pero por ahora, es uno de los bastiones donde tienden a refugiarse algunos partidarios de la visión estrictamente materialista y funcional del hombre.

Mariano Artigas, sin embargo, sostiene una sugestiva tesis, según la cual la ciencia misma se convierte en garante o prueba de la espiritualidad humana. El hecho mismo de que el hombre haya podido formular algo semejante al saber científico es una muestra patente de que no puede reducirse a materia, sino que incluyéndola, esta materia supone un componente espiritual, de forma que resulta contradictorio eliminar, en aras de la ciencia, el componente espiritual del hombre. O mejor, con sus propias palabras:

> El desarrollo de la ciencia experimental es una prueba contundente de la singularidad del conocimiento humano. Frente a las ideologías que utilizan a la ciencia para afirmar que el hombre es un ser puramente material, el análisis del método científico muestra que poseemos una capacidad intelectual que no puede reducirse a la pura materia. En efecto..., el hombre es capaz de reflexión total sobre sí mismo. No sólo conoce, sino que conoce que conoce, y no sólo quiere, sino que quiere querer. Una capacidad de este tipo es irreductible a la materia, aunque se ejercite junto con procesos materiales. A través del ojo vemos otras cosas, pero no podemos ver el propio ojo, porque la vista utiliza un órgano material que no puede ser a la vez sujeto y objeto. Evidentemente el cerebro tiene una complejidad enorme y hace posible nuestro conocimiento. La complejidad del cerebro es una condición física para nuestro conocimiento, pero nuestra racionalidad supera las condiciones físicas (Artigas y Turbón, 2008: 125-127).

La inteligencia artificial

Muy relacionado con el aspecto anterior, tenemos el problema de la inteligencia artificial. ¿Pueden suplantar absolutamente las máquinas el pensamiento humano?, ¿pueden replicarlo?, ¿pueden pensar por sí mismas y desarrollarlo?, ¿estamos en grado de crear inteligencia?

En este ámbito, como en todos, pero quizá de forma particular, es necesario definir con precisión los términos, a qué nos referimos, qué es exactamente lo que son capaces de hacer las computadoras, los robots y las máquinas en general. Este ámbito de la tecnología se ha desarrollado vertiginosamente hasta el punto de existir aplicaciones de las que uno puede incluso —como parece que ha sucedido— enamorarse. Tal es el caso de Siri, de Apple. Ante esto, ¿piensan realmente estos programas?, ¿qué es lo que hacen? Es preciso tener claro en qué terreno nos movemos y qué puede y no puede hacer una máquina.

Manipulación genética

Un último ámbito donde interactúan con frecuencia ciencia y razón, ciencia y fe, no pocas veces con fricciones entre estos saberes, es el de la manipulación genética. Es verdad que, dentro de este rubro, las problemáticas son distintas respecto de los anteriores. No se trata tanto de deslindar con claridad los límites entre ciencia y fe o ciencia y filosofía, o que un conocimiento científico cuestione hondamente dichos principios, sino más bien de un aspecto ético. ¿Tienen derecho a hacer todo lo que deseen?, ¿cabe establecer algún límite a la ciencia y a la técnica?, ¿por qué debería establecerse?

En este rubro se trata de la prepotencia y orgullo de un saber que no quiere conocer de límites, e incluso se justifica única y exclusivamente por el poder, en olvido del servicio de quién está amparándose con frecuencia detrás de un cuestionable pragmatismo. De esta forma se abren camino clonaciones, hibridaciones o, de manera sencilla, desarrollos originalmente embrionarios, que son modificados para obtener tejidos. Igualmente, se crean bancos de embriones congelados, ya sea para fecundación *in vitro* o para investigación, que de forma periódica, al perder el rango útil de uso, son tirados a la basura, ¡aunque se trate de óvulos fecundados! En otras palabras, son personas que, si fueran implantadas en el lugar correcto, poco después alcanzarían el desarrollo que tenemos nosotros ahora mismo.

Quizá sea en la manipulación genética donde más claramente se difumina el concepto de dignidad humana y se ceda terreno al craso pragmatismo o simple curiosidad intelectual, cuando no un afán de figurar y buscar notoriedad por parte del grupo investigador. Otra vez, el factor humano interviene a fondo dentro de los procesos de investigación científica y muestra que estos mismos no son todo lo aséptico que se suponía.

Aquí el diálogo entre ciencia, razón y fe es de manera especial urgente, precisamente para que el saber científico no pierda de vista su finalidad y sentido. Ese vendría a ser un saber del hombre y para el hombre, de forma que la sola utilidad o el deseo de investigar no deberían rebasar nunca las fronteras de la dignidad humana. También los nazis y los comunistas experimentaron con personas y obtuvieron importantes aclaraciones sobre el funcionamiento del cerebro, por mencionar un caso, pero esa "utilidad" jamás justificará tales atropellos. En este caso no se trata de un mutuo enriquecimiento, sino de una cuestión sapiencial, cuya aspiración es que la ciencia tome conciencia de los límites metacientíficos a los que debería someterse, como son, en estos casos, los principios éticos.

Sin esa disciplina dentro del saber científico, o de la comunidad científica —puesto que se trata de personas concretas—, se puede derivar el conocimiento a dimensiones nocivas para el ser humano, como podrían ser la producción de armas nucleares, químicas, biológicas, los daños ecológicos, el menosprecio de la vida humana, o la producción en serie del ser humano. Todo lo anterior, en lugar de constituir una especie de paraíso tecnológico al que ingenuamente parecería conducirnos el desarrollo científico-tecnológico, sería más bien un infierno de las máquinas, donde se pierda la conciencia del valor del factor humano y de la dignidad personal, y que se acercaría peligrosamente a las ficciones futuristas de pesadilla que desde hace años los literatos se esfuerzan por recrear, desde *1984*, de George Orwell (1903-1950), *Un mundo feliz*, de Aldous Huxley (1894-1963) hasta *Matrix*, de los entonces hermanos y actualmente hermanas Wachowski.

Afortunadamente, los avances de la misma ciencia parecen ir tomando un rumbo más en sintonía con los principios éticos. En efecto, las investigaciones realizadas con células madre adultas han producido mejores resultados que las hechas embrionariamente. Además, el sorprendente descubrimiento de la "reprogramación celular", realizado con éxito por Shinya Yamanaka, que le ha merecido el Premio Nobel en 2008, abre todo un filón prometedor y fecundo de investigación médica carente de reparos éticos (*Cf.* Jouve, 2014: 358-360).

Mutua interacción entre ciencia, razón y fe

Con la perspectiva conseguida hasta hora, es decir, una vez sentados los temas convergentes, los temas conflictivos y aquellos otros que son en cambio divergentes, esto es, que no pueden abordarse desde perspectivas diferentes del saber en el cual han surgido, podemos señalar los caminos de un fecundo intercambio.

Es ésta una línea de pensamiento, que mucho debe su desarrollo a Joseph Ratzinger, quien se ha dado a la labor de rescatar aquellos elementos de origen cristiano redescubiertos, popularizados y difundidos por la Ilustración. Aunque en el fondo aspira redescubrir las raíces cristianas de la modernidad en un ambiente dentro del cual estábamos acostumbrados a contraponer modernidad e Ilustración a Iglesia y fe. Considerando a la Iglesia como siempre a la zaga, un paso atrás o en confrontación con el empeño en recuperar los privilegios perdidos de una sociedad en su mayoría cristiana como la medieval.

Efectivamente el alumbramiento de la modernidad tuvo su aspecto traumático y confrontado con la Iglesia. La Revolución francesa fue marcadamente hostil a la religión y se propuso en sus extremismos sustituir a la religión católica por una religión de la razón. Sin embargo, la religión y la Iglesia contra las que peleaban los revolucionarios franceses eran —no podían ser de otro modo— propias de su contexto; su pelea era más bien contra la alianza entre el trono y el altar, propia del galicanismo francés y la monarquía borbónica. Sin embargo, sus ideales —conocidos ya en todo el mundo— de libertad, igualdad y fraternidad, son cristianos propiamente hablando y de manera decidida más originarios y evangélicos que la coyuntural alianza entre el trono y el altar, propia de las monarquías absolutas de la segunda mitad del siglo XVII y del XVIII.

A través de los auténticos ideales cristianos de la modernidad, podemos redescubrir todo lo que la razón aporta a la religión, purificándola de elementos contextuales y transitorios, permitiéndole recuperar sus orígenes prístinos y, al mismo tiempo, todo lo que la razón moderna le debe a la fe, pues toma de su linfa los valores que la inspiran.

Ayuda que la fe presta a la razón

Parecería presuntuoso afirmar que la fe auxilia a la razón, más aún en contextos laicistas, donde, si acaso, la razón graciosamente concede el derecho de existir a la religión, pero sin que estorbe y se manifieste lo menos posible. Sin embargo, para quien conozca el panorama intelectual de la segunda mitad del siglo XX, es evidente que la razón necesitaba un "salvavidas". Ese salvavidas tiene un nombre, la carta encíclica *Fides et Ratio*, de san Juan Pablo II, publicada en 1998.

¿Por qué lo del "salvavidas"? Porque el panorama intelectual postmoderno estaba dominado por la corriente intelectual denominada "pensamiento débil", el cual sostiene que el hombre no es capaz de la verdad. La verdad supera al hombre y el hombre, al buscar la verdad, se vuelve violento, intolerante, de forma que ni siquiera es deseable que la busque. En el fondo, cada quien debe tener "sus verdades", que no intente imponer a los demás ni busquen ser una explicación de todo, sino, más bien, algo vivencial y funcional; una especie de "vive y deja vivir".

Pero, ¿es humano vivir de esa forma? Obviamente si lo es eliminar cualquier forma de imposición y de violencia, ahí radicaría la aportación positiva del "pensamiento débil", pero, ¿nos deja satisfechos considerar por principio que somos incapaces de la verdad? Se trata de una auténtica castración intelectual, la cual frustra desde su raíz una de las más elevadas facultades del hombre.

Por eso se precisaba de una voz que le recordara al hombre su capacidad de verdad. Una verdad que, al decir de la Escritura Santa, "se debe hacer con caridad" (Efesios 4, 15). Es decir, sin violencia ni discriminación, pero verdad, al fin y al cabo. Gracias a ello, la fe recuerda al hombre su capacidad y su deber de perseguir continuamente esa verdad sobre sí mismo, sobre el mundo y sobre Dios.

De la clásica enumeración de los trascendentales, se ha dicho que la verdad está en crisis y que su lugar lo ha ocupado la libertad. Paradójicamente, la cultura que ha prescindido de la primera para potenciar la segunda ha perdido, precisamente por eso, el sentido de la libertad misma. De nuevo resuenan en nuestra mente las palabras de la Escritura: "la verdad los hará libres" (Juan 8, 32). Sin la verdad, esa impresión inmediata de libertad sin cauce, sin frenos ni límites, ha conducido a la supresión de la libertad misma. Aquello no se debe a un sistema dictatorial determinado —aunque también los hubo— sino por concepciones de carácter pseudocientífico que terminan por diluirla, al considerarla una simple impresión o sensación de libertad, pero que, al fin y al cabo, está aherrojada por un cúmulo de determinaciones sociales, genéticas, psicológicas, entre otras.

Al mismo tiempo, la rica capacidad racional del hombre, todos sus diferentes canales de conocimiento y sabiduría se habían reducido a uno solo: el conocimiento científico-tecnológico. Este canal es muy válido e importante, ha hecho maravillosas aportaciones a la civilización, pero lo malo es su carácter exclusivo y excluyente, pues deja en la oscuridad otras hondas e improrrogables cuestiones humanas. Un ejemplo es la dimensión ética, que no puede deducirse de las posibilidades científicas o tecnológicas, y en general la cuestión del sentido. Se había perdido la dimensión sapiencial del saber, dimensión que ofrece la filosofía, y parecía que así debía ser. La *Fides et Ratio* se propone rescatar esta dimensión sapiencial del conocimiento. Son importantes la ciencia y la técnica, pero no nos dicen todo sobre la vida y el mundo, pues podemos explorar otras formas de conocimiento.

Se rescataba, además, un saber propiamente humano y se conjuraba el peligro —aún latente— de que el conocimiento del hombre se vuelva contra el hombre mismo. Además, el horizonte filosófico se vuelve más amplio, pues se abre a las cuestiones de la trascendencia y del sentido. Al no circunscribirse a lo estrictamente material, como por necesidad debe hacer la ciencia por ser ése su objeto y marco de estudio, permite la posibilidad de ir más allá de lo sensible, lo temporal e inmediato, y abrirse a la espiritualidad, a la eternidad y trascendencia, para descubrir en ellas también la vocación y la nostalgia oculta en lo profundo del corazón humano.

En síntesis, la fe abre a la razón a las dimensiones trascendentes y de sentido, para colocarlas muy por encima de las cuestiones meramente funcionales. Lo funcional y práctico son importantes, pero al hacer falta la trascendencia y el sentido se da la paradoja, muy bien descrita por Alejandro Llano (1943), del "malestar en el estado de bienestar" (Llano, 1988: 98), es decir, la sensación de que "falta algo", de que tenemos dentro del alma un vacío que no hallamos la forma de colmar.

Ayuda que la razón presta a la fe

También en este rubro es iluminador el trabajo del teólogo Ratzinger. Lejos de considerar que la religión es intangible o de considerar a la filosofía exclusivamente como "esclava" de la teología, según reza el adagio medieval, devuelve a la racionalidad un papel determinante en la configuración de una religiosidad sana.

Si en el parágrafo apenas precedente podrían rechinar las fibras de un cientificismo, celoso de que otros tipos de saberes se entrometan para marcarle lo que debe hacer, ahora el peligro es a la inversa. Se piensa que la religión es inamovible y únicamente se sirve de la razón, pero está por encima de ella por venir de Dios.

Como todo en esta vida, se precisa matizar. La revelación, en cuanto venida de Dios, está por encima de nosotros: no podemos determinarla ni trascenderla; no podemos colocarnos por encima de Dios; no es fruto de nuestra elucubración o esfuerzo, sino puro don gratuito de Dios. Pero una cosa es la revelación y otra muy distinta la comprensión que de ella tengamos; una cosa es la revelación y otra cómo esa misma revelación da luz a las situaciones distintas de la historia y en contextos culturales diferentes.

En este aspecto, al comienzo como Joseph Ratzinger, y más tarde con toda la autoridad que ello supone, Benedicto XVI, ha subrayado el aspecto racional del cristianismo y cómo esa razón no es un añadido extraño al mensaje cristiano, sino que está en su entraña más profunda. De hecho, pone en la racionalidad la ventaja competitiva del cristianismo respecto de las demás religiones. Cultural, sociológica y antropológicamente, el cristianismo como religión es una más dentro del mosaico de religiones mundiales, el único criterio externo para mostrar su ventaja respecto de las restantes es su racionalidad. Obviamente, el criterio que lo distingue de manera radical es la posesión de una revelación, es decir, no es el hombre quien busca a Dios, sino Dios quien busca al hombre y se manifiesta en la historia; pero este criterio definitivo es interno del cristianismo. Externamente, un observador ajeno a la fe no encontrará muchas diferencias entre la Sagrada Escritura y *Los Vedas*, en cuanto a libros inspirados de origen religioso. El único criterio que le puede permitir diferenciar es la racionalidad.

La racionalidad del judeocristianismo va mucho más allá de ser la religión del sentido común y de la racionalidad natural de las personas. También es más rica que una ética racional, con elevados tonos de grandeza y magnanimidad ("el cristianismo no es obra de persuasión sino de grandeza" ha dicho san Ignacio de Antioquía); por ejemplo, al invitar a amar a los enemigos. Y es mucho más, precisamente porque el Dios del cristianismo es *Logos*, "Palabra", "Razón", tal como aparece en el prólogo del evangelio de san Juan. No es sólo *Logos*, también es *Agape*, "Amor", como expresa el mismo san Juan en su primera carta. Pero la dimensión racional de Dios y la fe no puede estar más en el origen, y es ella precisamente la carta competitiva del cristianismo dentro del *buffet* de las religiones.

Por ello, cuando se habla de que la razón puede enriquecer y purificar la fe no se hace ningún atropello sacrílego. Todo lo contrario, la verdad y la razón tienen su fuente en Dios. Lo que se hace es depurar la fe prístina, original, de otras adherencias que pueden serle extrañas, o por lo menos circunstanciales, pues son causadas sencillamente porque la fe se hace cultura en la religión, y al hacerlo de manera necesaria se mezcla con elementos humanos que, si bien no tienen por qué ser malos, son contingentes. Con el paso del tiempo, lo que en un momento supuso una ventaja, puede convertirse en un lastre para la misión y la naturaleza de la Iglesia.

Las formas de devoción, de religiosidad, los modos de enfrentar problemas van cambiando con el tiempo y los datos que se poseen. La razón puede ayudar a realizar un discernimiento maduro de qué es lo que espera Dios de nosotros. Los ejemplos son múltiples: antes se negaba cristiana sepultura a quien se suicidaba; ahora sabemos mucho más de los condicionamientos y enfermedades psicológicas, de forma que se le celebra funeral a la persona y se consuela a la familia, mientras que antes dicha causa de muerte se consideraba un boleto hacia el infierno. La razón permite también discernir que ningún agravio le hacemos a Dios con las transfusiones de sangre o con los honores a la bandera, como piensan los testigos de Jehová, además de un largo etcétera. La razón permite delimitar formas auténticas de devoción y piedad de otras que quizá no lo sean tanto, o extraer consecuencias de la fe que anteriormente no se sospechaban, como puede ser todo el rico filón de doctrina social de la Iglesia o la preocupación ecológica que quizá antes eran poco valorados.

Tiene en consecuencia la razón una función de criba, purificación, depuración de lo sobrante. No es sencilla esa función, ya que la fuente sigue inalterable, ésa es la revelación. Aunque la comprensión de esa revelación, su manera de proyectar luz a las situaciones contingentes del presente, es indudablemente nueva. La Iglesia no es una religión del pasado, encerrada en un "libro", no es una religión de un código de normas, sino la religión de Cristo vivo que se manifiesta en un sujeto, la Iglesia, que también está viva y se enfrenta a situaciones, paradigmas y horizontes cambiantes. A su vez, se desarrolla, como todo ser vivo, manteniendo su identidad, pero en forma nueva delante de cada nueva circunstancia. De este modo, se disuelve el peligro del gnosticismo o supeditar la revelación a la razón, pues la fuente es la revelación. Se mantiene la vitalidad de esa revelación y se elimina el peligro de la rigidez esclerótica, ya que el empleo de esa razón es connatural a la fe.

Uno de los ejemplos más frecuentemente usados a lo largo del presente texto, donde se ve cómo datos nuevos proporcionados por la razón enriquecen la fe, es el del uso y la interpretación de las Sagradas Escrituras. De un paradigma rígido, propio de los tiempos en que vivía Galileo, se ha llegado a una flexibilidad que, lejos de comprometer un apego al texto sagrado, nos ha llevado a comprenderlo mejor, no hacerle decir lo que de ninguna forma quiere Dios que diga. No se trata de una solución acomodaticia de circunstancia, sino de una comprensión más profunda de lo que Dios quiere decirnos mediante él y, por eso mismo, de una mayor fidelidad a su sentido y finalidad originales.

Otro ejemplo típico es el del descubrimiento de América. Cuando llegaron los españoles y los misioneros, se preguntaron lógicamente qué sucedía con todos aquellos indígenas que habían vivido y sin culpa alguna de su parte habían ignorado la existencia de Jesucristo. Ello condujo a un desarrollo más profundo de la teología sacramentaria, a perfilar mejor la noción de bautismo de deseo y a contrastar más ampliamente expresiones teológicas como *extra Ecclesia nulla salus* ("fuera de la Iglesia no hay salvación"). Un dato nuevo no se recibía desde una perspectiva de rigidez y cerrazón, sino que se integraba dentro de un contexto más amplio e impulsaba a una reflexión más atenta, dispuesta a percibir el verdadero sentido de la doctrina revelada. De manera consecuente, los datos de la razón enriquecían y enriquecen actualmente la fe.

La razón, empleada de una forma conveniente, depura a la fe de lo que es ajeno a ella o de aquellas realidades que no son permanentes sino circunstanciales. Así, la vacuna contra los excesos del fanatismo y el fundamentalismo, patologías de la religión que se caracterizan precisamente por su exclusión de la razón.

Ideología y fe

La relación entre fe y razón no ha sido siempre "amigable" en muchas ocasiones debido a motivos de carácter ideológico. El entendimiento entre ambas ha estado dificultado por prejuicios o patologías de la razón. Esas patologías o deficiencias en el modo de relacionar fe y razón pueden haber sido causadas por multitud de factores culturales, históricos o políticos del momento, pero, en cualquier caso, generaron una actitud de confrontación. Es importante conocerlos, aunque sea someramente, para ver de dónde vienen las ideas de oposición que quizá podamos cultivar, tener o recibir en determinadas aulas o foros de discusión. No se trata de una descripción exhaustiva, pues no es el objeto de este trabajo, ya que hacerlo nos llevaría demasiado lejos.

Ilustración

Líneas más arriba, vimos cómo los principios que enarbolaba la Ilustración en realidad tienen origen cristiano. La libertad de la que hablaban los ilustrados se entiende y se ha desarrollado preponderantemente en el ámbito cristiano. Por ejemplo, en el estoicismo romano y en el mundo pagano se hablaba de libertad, pero una "libertad ficticia", una sensación de libertad. La vida del hombre estaba dominada por un destino ciego que, además, era cíclico. La noción cíclica de la historia impedía cualquier auténtico protagonismo y personalismo propios de un ser libre. El cristianismo, con su idea lineal de la historia y su afán por tomar en serio la libertad, una libertad que, a decir de san Pablo, nos la había ganado Cristo en la Cruz, revolucionó la comprensión de la libertad. Si a ello se une el que, gracias a la teología, primero trinitaria y cristológica después, se perfiló convenientemente la noción de persona, no es extraño que, por medio de santo Tomás, por ejemplo, nos encontremos ya con planteamientos muy completos y maduros sobre la libertad, completamente cristianos, los cuales en definitiva se proponía rescatar la Ilustración.

Algo semejante sucede con la fraternidad. Desde el Génesis, el primer libro de la Biblia, queda claro que todos somos hijos de Dios, creaturas de Dios, tenemos un mismo origen y vamos hacia un mismo fin, como parte de una gran familia, la familia humana que nos convierte a todos en hermanos. Desde el Génesis, en el relato de Caín y Abel, es claro cómo no podemos excusarnos en un triste individualismo: "Dónde está tu hermano" (Génesis 4, 9), pregunta Dios a Caín, como frecuentemente recuerda el papa Francisco. Por tanto, debemos preocuparnos de los demás, pues todos somos responsables de nuestros semejantes.

La igualdad es más difícil de rastrear en los textos bíblicos y en la cultura cristiana, en el sentido de que, al formarse el canon de libros inspirados, al cristalizar los textos del Nuevo Testamento, la esclavitud era todavía una institución formalmente aceptada. Sin embargo, en san Pablo hay abundantes ejemplos que nos permiten cimentar en su propuesta toda una doctrina de la igualdad entre las personas, fundadas en que todos somos hijos de Dios: "Porque todos los que fuisteis bautizados en Cristo os habéis revestido de Cristo. Ya no hay diferencia entre judío y griego, ni entre esclavo y libre, ni entre varón y mujer, ya que todos vosotros sois uno solo en Cristo Jesús" (Gálatas 3, 27-28).

Sin embargo, en el momento de surgir la Ilustración, existía una fuerte alianza entre el trono y el altar. Al desatarse la furia contra el trono, paralelamente tal furia arrastró consigo al altar. Se tenía una percepción negativa de todo lo religioso, primero porque de alguna forma habría bendecido a un sistema que aparecía marcadamente injusto, pero después —y es lo que interesa de manera particular a efectos de este trabajo— porque se consideraba un lastre intelectual.

Es preciso ir un poco más atrás. La Ilustración no comienza en 1789; la Revolución francesa es su fruto maduro, su resultado, puesto que todo el siglo XVIII se conoce como el Siglo de las Luces, el siglo de la Ilustración. Durante este centenario se habría acentuado una visión negativa del fenómeno religioso, en el sentido de que la religión de alguna manera perpetuaba el estado de cosas, al ser una especie de analgésico social. Por otra parte, los fermentos intelectuales propios del iluminismo se mostraron agudamente críticos con el pensamiento religioso. Este último sería sinónimo de ignorancia y superstición, lastrado por la farragosa carga del principio de autoridad que lo condenaba a ser tautológico por repetitivo y poco creativo.

La Ilustración, en cambio, propugnaba el *sapere aude* ("atrévete a saber"), en otras palabras, dejar de repetir lo que otros han enseñado, desembarazarse del principio de autoridad, y en una efervescencia de espíritu personalista e individualista, atreverse a pensar y a buscar la verdad por uno mismo. Para eso se debía desarrollar un agudo espíritu crítico, que viniera a confirmar la efectiva independencia del pensamiento, condición básica de su originalidad y autenticidad. En caso contrario, pese a las apariencias, este pensamiento no se habría librado de la pesada hipoteca de la tradición.

Un vistazo rápido a los pensadores iluministas muestra cómo se caracterizan por tener una corrosiva y crítica visión del cristianismo. Nombres como Voltaire (1694-1778), quien ironiza críticamente con la religión; Pierre Bayle (1647-1706), uno de los primeros pensadores ateos de la modernidad; el mismo Juan Jacobo Rousseau (1712-1778), que de manera filosófica es quizá el más consistente de los pensadores ilustrados, consideraba que no había mayor estupidez que llevar a los niños a la catequesis, lo que no es un aspecto marginal de su discurso, pues el tema de la educación de los niños es clave y central en su pensamiento, si se considera, por ejemplo, su libro *Emilio* (1762).

Para la Ilustración, en síntesis, la religión era un pesado fardo del pensamiento, del cual era preciso liberarse. Y en la Ilustración se forjan, en gran medida, los proyectos intelectuales del hombre moderno, y nace el mito del progreso como proyecto común de la humanidad, accesible a nuestras propias fuerzas mediante el desarrollo irrestricto del conocimiento. En este esfuerzo cultural de la humanidad lo religioso, si acaso —aunque no siempre— se tolera, pero queda definitivamente al margen de la sociedad.

Este *handicap* de origen entre religión e Ilustración, entre religión y modernidad, se difumina al final del siglo xx e inicios del xxi, gracias —entre otros factores— a la obra de Joseph Ratzinger-Benedicto XVI (*Cf.* Blanco, 2011: 168-171). Por otra parte, ese ingenuo proyecto ilustrado estalló en pedazos con la primera Guerra Mundial, cuando quedó patente que detrás del progreso irrestricto de la razón humana, abandonada a sí misma, no todo podía ser bondad y belleza; incluso el "progreso ciego" engendra destrucción. Sobra decir que esa crisis de la Ilustración se agudizó más tarde con la segunda Guerra Mundial, y en particular con dos eventos paradigmáticos: Auschwitz e Hiroshima.

Positivismo

El positivismo es hijo de la Ilustración. Digamos que es el producto típico del siglo xix, cuando estaba en boga toda aquella mentalidad de progreso, sobre todo apoyado, en este caso, en el desarrollo de la ciencia. Si la Ilustración fue un movimiento marcadamente intelectual, de pensamiento, que se caracterizó más por pensadores que científicos, el positivismo, en cambio, debe más al conocimiento científico y menos a la filosofía. Aunque de fondo se trata de una interpretación filosófica de los datos científicos, una filosofía donde la ciencia es utilizada ideológicamente.

Ello es un claro ejemplo de racionalismo. Sólo se aceptan como auténticos los conocimientos "positivos", es decir, los "suficientemente asentados", o en términos más coloquiales, "demostrados". Sólo lo que puede demostrarse fácticamente a los demás es conocimiento auténtico, lo otro no pasa de ser una proyección de deseos, estados de ánimo, poesía o lo que se quiera, pero no auténtico conocimiento.

Este clima de racionalismo alcanzó su cenit en la Francia de la primera mitad del siglo XIX. Su representante principal fue Augusto Comte (1798-1857). A él le debemos, por ejemplo, el clásico esquema de historia de la humanidad, donde el hombre va progresando hasta su madurez, obviamente conseguida con el positivismo —es decir, su propia invención— que se alcanza sólo después de que el hombre ha superado los otros dos estadios: el filosófico y el religioso. La religión representa el estadio de minoría de edad en la humanidad, donde todo encuentra una explicación cuasi mágica. Después, le sigue el estadio filosófico, donde se busca ya una explicación racional. Por último, se llega al estadio científico o positivista, donde se ofrecen auténticas demostraciones científicas, en otras palabras, los únicos conocimientos auténticos, convenientemente fundados.

Todo lo anterior goza de gran actualidad. En los albores del siglo XXI estamos desenterrando y volviendo a digerir los frutos pasados del siglo XIX. Cuando uno escucha o lee los planteamientos de tantos autores cientificistas, evolucionistas y humanistas sin Dios, tiene la impresión de haber vuelto al pasado, al París de 1880. Los argumentos y las explicaciones son los mismos o muy semejantes.

Cabe decir que Comte, después de hacer el elogio del saber científico, derivó a una extraña y difusa religiosidad que no tiene ningún fundamento en la ciencia. Vale decir, reveló su condición agudamente ideológica. Inventó, entonces, su propia religión, La Religión de la Humanidad cuyo lema campea aún en la bandera brasileña, "Orden y progreso" y se convirtió en el sacerdote supremo de su propia religión, la cual daba culto al "Gran Ser". La religión que había echado por la puerta delantera vuelve a entrar por la puerta trasera, que produce este patético remedo de lo religioso.

Obviamente, no fueron demasiados quienes lo siguieron hasta este extremo, y ello condujo a que poco a poco perdiera presencia. No podemos olvidar, sin embargo, que algunos saberes nacieron y se desarrollaron bajo la sombra positivista, como lo fue la sociología. Ese origen, extraño a toda dimensión trascendente del hombre, sigue marcando hondamente dicha parcela del saber, que por lo general no suele negar sus orígenes...

Neopositivismo

Como su nombre lo indica, se trata de una versión postrera del positivismo, su versión en el siglo xx. De igual forma, está enriquecida con la perspectiva lógico-matemática. Continúa, así, su marcada postura antirreligiosa, ya que encuentra entre sus "mentores" o antecedente más inmediato, a pensadores como Bertrand Russell (1872-1970), profundamente anticristiano.

El neopositivismo tuvo su desarrollo durante la primera mitad del siglo xx, con ocasión de un importante esfuerzo intelectual por unir la lógica con la matemática y reducir la filosofía a este conocimiento. Digamos que, desde el principio, estuvo emparentado con la filosofía del lenguaje y se desarrolló de su mano. El saber filosófico mira a la ciencia, en la que busca rigor, precisión y una expresión que pueda ser compartida por todas las personas, independientemente de sus principios. Para alcanzar estas características debe usar la gramática de la ciencia, que es la matemática, y descubre en la lógica el camino común. La matemática y la filosofía pueden reducirse a lógica. La cuestión fundamental en la filosofía de entonces se deslizará al lenguaje. Es el lenguaje el que es lógico o no; si es lógico, como lo son las matemáticas, puede ser expresión de un auténtico conocimiento, y cualquier persona lo puede compartir, independientemente de su formación, cultura, prejuicios, entre otros. Se propone ser la expresión aséptica, precisa y exacta del pensamiento (*Cf.* Artigas, 1994: 26-29, 34).

Asimismo, nacerá cobijado por la filosofía del lenguaje, cuya característica esencial consiste en reducir los problemas filosóficos a problemas del lenguaje, y los del lenguaje a la lógica. Es en el fondo un gran proyecto de unidad en el pensamiento que desea revalidar, además, a la filosofía, y otorgarle el rigor de la ciencia, para ser una expresión del afán de orden y racionalidad, propios del planteamiento positivista. Sin embargo, dicha pretensión de rigor científico constituirá una especie de victoria pírrica (entiéndase, dudosa) de la filosofía, dado que el papel que tiene es marginal: "la actividad mediante la cual se descubre o determina el sentido de los enunciados: ésa es la filosofía" dirá Moritz Schlick (1882-1936), uno de los principales pensadores neopositivistas. "Así se llegaba a la visión científica del mundo: todo conocimiento queda reducido a ciencias empíricas, y toda filosofía queda reducida al análisis lógico de los fundamentos de las ciencias" (Schlick, 1981: 60).

El neopositivismo se desarrollará, además, como una escuela, un conjunto de pensadores con un objetivo común. Así nacerá el Círculo de Viena, con pensadores como Otto Neurath (1882-1945), el cual intentará rehacer según estos principios todo el conocimiento humano para cimentar sólidamente la racionalidad de todo conocimiento y distinguir de manera clara aquellas parcelas aparentes del saber, que en realidad carecen del rigor propio de la lógica matemática. Con esto en mente comienza a trabajar en la Enciclopedia Internacional de la Ciencia Unificada.

El Círculo de Viena tendrá un texto programático publicado en 1929, firmado por Rudolph Carnap (1891-1970), Hans Hahn (1879-1934) y Otto Neurath titulado *La concepción científica del mundo*. Ya años antes se habían reunido en torno a Moritz Schlick algunos científicos para proponer una interpretación empirista de la ciencia según un modelo inductivista. Lo que deseaban era "fundamentar el valor de todo conocimiento sobre la experiencia sensible, sobre la observación experimental, y además pretende que mediante el análisis lógico puede mostrarse que toda afirmación con sentido debe reducirse a enunciados acerca de la experiencia" (Schlick, 1981: 30). Los enunciados de la ciencia serían los únicos dotados de sentido, y pueden ser reducidos a "los enunciados más simples acerca de lo dado empíricamente" (*Cf.* Artigas, 2009: 75).

Sin embargo, también esta forma de pensamiento será víctima de sus propios prejuicios. Un axioma fundamental del neopositivismo lógico es el principio de verificabilidad o principio de verificación empírica: sólo se toma como verdadero un conocimiento que pueda ser verificable, es decir, que se pueda demostrar a los demás en repetidas ocasiones, mediante, por ejemplo, la experimentación. Ellos lo llamaron "criterio empirista de significado", el cual conoció diversas formulaciones a lo largo de la existencia del neopositivismo. Para ellos, "un enunciado con sentido ha de referirse a situaciones de hecho comprobables empíricamente... un enunciado no comprobable empíricamente es un enunciado sin sentido; no puede decirse siquiera que sea verdadero o falso" (Schlick, 1981: 32). La cuestión entra en crisis cuando se descubre —gracias a pensadores que se formaron primero en esta escuela, pero que la abandonaron, como Karl Popper— que tal principio no es verificable.

El principio de verificabilidad no es verificable; el principio que garantiza la autenticidad del pensamiento no tiene a su vez un fundamento sólido, sólo es un postulado gratuito de este grupo de pensadores. No sólo eso, el principio de verificabilidad tampoco se aplica en la ciencia como tal, como es en la realidad. "La epistemología contemporánea ha puesto de relieve que las teorías científicas son siempre construcciones nuestras. Las construimos desplegando fuertes dosis de creatividad e interpretación. Los procedimientos de la ciencia experimental son siempre interpretativos" (*Cf.* Artigas, 2007: 235-236; Artigas, 2003: 300). Es decir, no se pueden traducir en palabras unas "observaciones puras" (Artigas, 2007: 56), ya que siempre se utilizan conceptos como temperatura, escala y medida que requieren una explicación. Por esa razón, Popper señaló: "los positivistas, en sus ansias de aniquilar la metafísica, aniquilan juntamente con ella la ciencia natural" (Popper, 1977: 36).

La debacle del neopositivismo lógico fue rápida, así como lo fue su fulgurante éxito. Si en los años veinte y treinta del siglo xx tuvo su momento de mayor esplendor, pronto comenzó su derrumbe. La filosofía del lenguaje seguirá, pero por otros derroteros y admitieron incluso otras formas de racionalidad, como la metafísica y la religiosa, que el neopositivismo había combatido furiosamente.

Al principio —aún en los años veinte— un importante matemático que formaba parte del Círculo de Viena, Kurt Gödel (1906-1978), demostró que la aritmética y la matemática no son sistemas totalmente cerrados, y por lo tanto racionales en absoluto, en el sentido de formar una cadena ininterrumpida de demostraciones, sino que necesitan de algún elemento externo al sistema para desarrollarse. El ideal de la racionalidad pura y absoluta del neopositivismo aparece como una quimera (*Cf.* Sols, 2014b: 161-168). Se necesita siempre de algún elemento externo al sistema que no puede deducirse del mismo sistema, algún principio intuitivo exterior a todo el edificio demostrativo. Por lo menos así sucede con la aritmética, modelo de racionalidad para la ciencia y en consecuencia también para los neopositivistas. "El teorema de Gödel nos pone en guardia frente a la pretensión de formular sistemas teóricos completos" (Artigas, 2007: 326).

Más tarde, Karl Popper y otros críticos provenientes de diferentes corrientes filosóficas comenzaron a criticar el principio de verificabilidad, verdadera columna del neopositivismo, al notar que tal principio no es verificable. A todo ello se unió el gran desarrollo científico efectuado por la mecánica cuántica, la cual maneja mayormente la aproximación estadística, la indeterminación y, en general, toda una serie de elementos poco compatibles con la visión de las ciencias positivas, donde todo tiene un orden y una lógica evidentes. La mecánica cuántica parece funcionar, en ocasiones, con una lógica diferente, de modo que ni el desarrollo real de la ciencia parecía seguir la dirección marcada por el neopositivismo. No por nada quedó inconclusa la Enciclopedia Internacional de la Ciencia Unificada.

Los pensadores que han desarrollado la epistemología o filosofía de la ciencia a partir de la postura de Popper han subrayado que "no existen observaciones puras, completamente independientes de teorías e interpretaciones" (Artigas, 2007: 56). En efecto, afirma Popper: "toda observación supone una interpretación realizada a la luz de nuestro conocimiento teórico" (Popper, 1981: 46), lo que equivale a sostener que "no existen observaciones puras, sin ningún tipo de interpretación". De hecho, la interpretación antirreligiosa que de los datos científicos hacen algunos investigadores, es una muestra palpable de lo anterior.

Particularmente incisiva es la crítica que hace Popper del modelo positivista de la ciencia en su obra *Lógica de la investigación científica*, donde por ejemplo afirma: "Se ha comprobado que el antiguo ideal científico del saber —un conocimiento absolutamente cierto y demostrable— era un ídolo. El requisito de la objetividad científica hace inevitable que cualquier enunciado científico deba tener siempre un carácter tentativo" (Popper, 1990: 280). Popper, ciertamente, va demasiado lejos, a otro extremo, pues terminará negando la capacidad de alcanzar la verdad en la ciencia y en el hombre en general. Sin embargo, su crítica al neopositivismo es adecuada.

El neopositivismo tuvo un periodo efímero de hegemonía intelectual que duró de 1929 a 1938. Sin embargo, en los albores del siglo xxi, algunas de sus tesis continúan manteniéndose. ¿Cuál sería su herencia? El cientificismo (que considera a los procedimientos de las ciencias experimentales como los únicos válidos para obtener conocimiento), el empirismo (postulando que todo conocimiento válido debe basarse en la experiencia) y el naturalismo (el cual niega la existencia de cualquier realidad no experimentable de forma empírica como Dios o el alma espiritual). Algunos científicos, no suficientemente actualizados en materia filosófica y con escasa memoria histórica, desean resucitarlo. Quieren realizarlo blandiendo los mismos argumentos, pero con "ingredientes diversos", lo que dará lugar a las dos voces que de manera breve analizaremos a continuación —evolucionismo y cientificismo—, con el riesgo de ser repetitivos, pero es que el mismo error se repite pertinazmente.

Evolucionismo

El evolucionismo, como se señaló anteriormente, se fundamenta en la teoría propuesta por Charles Darwin y sus principios; rebasa el ámbito de dicha doctrina y hace de la evolución la ley fundamental y absoluta del universo. Todo se reduce a este proceso, cualquier género de realidad, sin efectuar ningún discernimiento, por ejemplo, para observar que objetos probablemente diferentes tengan distintas explicaciones. Así, observamos que la cultura, la libertad, la religión y todo a nuestro alrededor sería simplemente parte de ese proceso evolutivo omnicomprensivo.

La evolución se entiende según los principios darwinianos de variaciones al azar y selección natural. Para el evolucionismo, en consecuencia, el azar juega un papel preponderante, en oposición a la racionalidad. Todo parece resultado de la fortuna. Sobra mencionar que la selección natural, es decir, la ley del más fuerte, al invadir otros ámbitos ajenos a lo propiamente evolutivo, se convierte en una ley cruel. Es verdad que la naturaleza muchas veces es desalmada; aunque no hay problema si nos circunscribimos a ella —el león que se come a la gacela—, pero cuando todo se reduce de manera artificiosa a este esquema se obtiene, por ejemplo, una ética evolucionista, o una política evolucionista, propiamente crueles, pues se reducen a la ley en la que impera la fuerza. No fueron otros, trayendo a la memoria, los planteamientos del nazismo y del fascismo en el siglo xx.

Esta postura es difícil de desenmascarar y encarna decididamente lo que el presente libro se propone denunciar: la falta de precisión dentro del conocimiento, la invasión abusiva de otros ámbitos del saber, con base en el éxito conseguido en el propio. Por ejemplo, la evolución como teoría científica ha conocido un gran desarrollo y goza de mucho prestigio, pero ello no justifica que se la quiera aplicar indiscriminadamente a todo el conjunto de la realidad. Los evolucionistas no se dan cuenta —o fingen no hacerlo— de tal atropello y funcionan de esa forma.

Es difícil rebatirlos en el sentido de que la evolución misma como teoría está ampliamente sustentada, aunque pervivan todavía multitud de incógnitas, pero las consecuencias que en ocasiones extraen no se desprenden de lo científica o sólidamente establecido. Es más, como se vio antes, incluso la teoría de la evolución darwiniana ha conocido notables cambios y, además, los enormes huecos explicativos que deja en su propio ámbito, sugieren que deben de existir otros factores y otras formas de explicar la naturaleza no estudiados lo suficiente todavía, quizá debido al lastre de querer explicarlo todo únicamente de manera preestablecida, canónica. La evolución es correcta en sus generalidades, cuando se extralimita, corre el riesgo de convertirse en un dogma científico. Para el evolucionismo es sencillamente así, se trata de una teoría hipertrofiada e invasiva.

De esta forma, quedan fuera de juego realidades como las espirituales, que se reducen a un epifenómeno de la materia, es decir, a una materia más evolucionada. ¿Por qué?, porque la evolución describe sólo procesos materiales. La petición de principio es evidente. Los avances biológicos auténticos de la evolución se aprovechan en clave materialista y antirreligiosa, sin ser por ello un dato científico —no comparece en el laboratorio, ni en la experiencia, ni en el cálculo matemático— sino ideológico. El evolucionismo es el ejemplo mejor conseguido en la actualidad de una ciencia leída ideológicamente. De hecho, así queda patente —a reserva de abundar un poco más adelante al respecto— a través de lo trabajado por Richard Dawkins, conocido evolucionista que aprovecha su prestigio científico para desatar una auténtica cruzada antirreligiosa, la cual va mucho más allá de sus aportaciones en el ámbito científico —además distan mucho de ser suficientemente asentadas, por lo menos en su teoría de los *memes*— para defender, basado en su prestigio científico, lo que no son sino sus convicciones religiosas (el ateísmo no es sino una forma especular de religiosidad), las cuales están cargadas de prejuicios e insuficiencias.

Cientificismo

El cientificismo coincide en sus líneas fundamentales con el evolucionismo. Se trata también de un positivismo y un neopositivismo remozado, con la característica de que se presenta más amplio y difundido.

El *Diccionario de la Real Academia de la Lengua Española*, en su vigésimo segunda edición del 2001, nos ofrece tres definiciones del *cientificismo* complementarias, que son útiles para hacernos cargo de lo que significa y de la dimensión del problema que supone su existencia. Vemos así, las siguientes acepciones: "Doctrina según la cual los métodos científicos deben extenderse a todos los dominios de la vida intelectual y moral sin excepción", de acuerdo con ello, nada escapa a la ciencia, ni la poesía, ni el arte, ni el amor de una madre a su hijo, todo debe ser explicado exclusivamente de forma científica; "Teoría según la cual los únicos conocimientos válidos son los que se adquieren mediante las ciencias positivas", de esa forma, las otras aportaciones de la cultura, la filosofía, la teología, el arte, la poesía no representan formas válidas de conocimiento; "Tendencia a dar excesivo valor a las nociones científicas o pretendidamente científicas"; desprecian, por contraste, otro tipo de explicaciones o aproximaciones a la realidad. Las tres perspectivas se encuentran de modo difuso en la cultura contemporánea.

Por otro lado, esta postura no es tan específica como el evolucionismo, en el sentido de que no se sustenta sólo en la teoría de la evolución, ni deja de ser más general la perspectiva desde la que aborda el problema, por lo tanto, su difusión también lo es. Podríamos decir que todo evolucionista es cientificista, pero no viceversa. Además, dentro del cientificismo caben desde posturas serias de rechazo, o por lo menos recelo, de todo aquello que no sea ciencia, hasta posiciones más difuminadas, pero para las cuales la única verdad a la que el hombre puede acceder es la científica.

Caben, entonces, dentro de la perspectiva cientificista, tanto el científico que mira con menosprecio a cualquier otro tipo de conocimiento al que considera superfluo y piensa que únicamente la ciencia puede aportar algo al hombre contemporáneo, hasta el ciudadano de a pie, sencillo, para el que sólo los argumentos adornados con el apelativo "científico" son atendibles y considera la frase "científicamente comprobado" como inapelable o punto final de cualquier discusión. Ambas posturas son cientificistas, y quizá la segunda está más difundida en la vida contemporánea.

El problema del cientificismo no es la ciencia, es decir, su punto de partida, sino su desprecio por toda otra forma de conocimiento; desprecio en ocasiones mal disimulado, como en el caso de Richard Dawkins, quien escribe largos opúsculos para criticar a la religión, pero que nunca se ha tomado la molestia de estudiar teología, como él mismo reconoce. De un plumazo afirma que "no pierde tiempo" (*Cf.* Artigas y Giberson, 2007: 50-52) en estudiar cómo los hombres de fe expresan la racionalidad de sus creencias, al tiempo que arremete duramente contra "la irracionalidad" de éstas. Se trata, como hemos visto, de un caso acabado de cientificismo y evolucionismo.

El cientificismo va más allá de la evolución y se extiende a todos los ámbitos donde ciencia y tecnología estén presentes. Está ampliamente difundido, por ejemplo, en las cátedras de medicina, psicología, informática, entre otros. Además de la biología propiamente dicha, afecta en general a ciencias como la física, química, matemática y demás. Una vez asumida la bondad y ventajas del propio punto de vista, tiende a convertirse en absoluto, sin que esa conversión sea por ninguna parte resultado del propio conocimiento, sin ser, propiamente hablando, científica, sino filosófica.

Mariano Artigas resume clarividentemente la historia de la perspectiva cientificista:

> [...] primero se afirmó que la ciencia moderna venía a sustituir a la antigua filosofía natural; después se pensó que la nueva ciencia era capaz de solucionar todos los problemas por sí sola, y se acabó denunciando a las demás pretensiones cognoscitivas como carentes de sentido; finalmente, al advertir que la ciencia encuentra muchos límites y progresa gracias a la utilización de construcciones convencionales, se ha generalizado un relativismo que se aplica a la ciencia en primer lugar, pero se extiende a continuación a todo el conocimiento humano (Artigas, 2007: 96).

El último paso del proceso descrito no ha permeado, sin embargo, al gran público y a un buen número de divulgadores científicos. El relativismo científico es aceptado mayormente por filósofos y epistemólogos, así como por algunos científicos. Otros, sin embargo, ignoran por completo este límite, y por supuesto el gran público, que se ha "comido" los planteamientos filosóficos del "pensamiento débil", que es relativista. Sin embargo, raramente extiende ese relativismo a las proposiciones científicas que las considera, por el contrario, como el único exponente de la verdad absoluta.

Esa amplísima difusión que impregna también a los medios de comunicación y a la cultura contemporánea, hace difícil su desenmascaramiento; es decir, mostrar de modo patente que dicha toma de postura, que absolutiza la ciencia, no es ciencia en sí misma, ni es científica —repitámoslo una vez más—, sino ideológica. Este planteamiento ha permeado hasta alcanzar las opiniones comunes en una sociedad, los argumentos generalmente aceptados, los cuales son de corte cientificista.

Sin afán de criticar a la ciencia, sino de encontrar más bien un diálogo con ella, puede ser útil señalar algunas de las deficiencias en las que han caído los hombres de ciencia. No se trata de vituperar al conocimiento científico, sino de hacer notar a la comunidad científica que, pese a lo que se podría suponer, necesita complementarse con otro género de conocimientos, no deducibles de ella misma, pero que la enriquecen profundamente.

Baches de la ciencia

Es preciso corregir la expresión, ya que no se trata de "baches", rupturas o incoherencias de la ciencia en cuanto tal, sino de los científicos, cultivadores de la ciencia. No se desea —insistimos— desprestigiar a la ciencia, sino mostrar una verdad evidente: la ciencia está hecha por hombres, y los hombres somos limitados; cometemos errores, tenemos prejuicios e intereses que de alguna manera intervienen mientras realizamos nuestra labor científica.

Dos de las revistas científicas serias más importantes, *Science* y *Nature*, han publicado artículos de los que después han debido retractarse. Estos artículos obedecían a que un científico o un grupo de científicos tenían muchos deseos de publicar sus investigaciones, y ese deseo los cegó hasta el punto de no comprobarlas suficientemente. Más que resultados científicos, han sido la publicación de los deseos del grupo investigador. Hace tiempo, en 2005, por citar algunos ejemplos, el investigador surcoreano Woo Suk Hwang aseguró que había obtenido la "clonación humana", y publicó su investigación en *Science*. Al poco tiempo se develó la verdad y se declaró que todo era falso. Luego, el artículo fue retirado y la revista ofreció disculpas a la comunidad científica internacional. Sencillamente no se resignaba al fracaso de sus ya de por sí lamentables investigaciones.

No es el único caso en la literatura científica reciente. Tanto la "fusión en frío" como el "gen homosexual" son otros célebres ejemplos. En el caso de la "fusión en frío" fue la prestigiosa revista *Nature* quien dio el paso en falso al difundir en 1989 los resultados, no suficientemente comprobados de la investigación realizada por los electroquímicos Stanley Pons y Martin Fleschmann, donde parecía haberse descubierto una nueva fuente de energía barata y segura. En aquella ocasión pesaba considerablemente el prestigio de Fleschmann, y ello causó una burbuja mediática. Sin embargo, poco tiempo después, el Departamento de Energía de Estados Unidos concluyó que no había evidencia persuasiva de tal fusión, lo cual fue ratificado nuevamente en 2004. Algo semejante ocurrió en 1988, al publicar un artículo sobre la "memoria del agua", en el que poco después se descubrió el engaño. *Nature* publicó en este caso una rectificación (*Cf.* Maddox *et al.*, 1988: 287-290).

Por su parte, el famoso "gen homosexual" aparentemente descubierto por Hamer, Hu, Magnuson, Hu y Pattatucci, quienes publicaron los resultados en *Science* (1993), fue desmentido en 1999, en la misma revista, al no poder replicarse los mismos resultados en un estudio semejante, realizado por Rice, Anderson, Risch y Ebers (*Science*, 1999). De manera anecdótica, los realizadores de la primera investigación eran homosexuales. Probablemente tendrían cierto interés personal en alcanzar determinados resultados. En este campo las salidas en falso son frecuentes, quizá por existir fuertes intereses políticos, económicos e ideológicos en alcanzar determinados resultados, de forma que la investigación científica y la búsqueda de la verdad pueden supeditarse a otros fines. El caso más reciente, evidenciado de forma pública, nuevamente es de *Science*. La revista está evaluando retirar un estudio no confrontado lo suficiente en el cual se manipularon los datos sobre el "poder de persuasión" de los activistas gays (Castro, 2015, La Cour y Green, 2014: 1366-1369).

También esas prestigiosas revistas, verdaderos areópagos u oráculos de la ciencia contemporánea, han errado en sentido inverso, al rechazar su consejo editorial importantes contribuciones al considerar como insuficientemente demostrado lo que era en realidad un importante hallazgo. Por ejemplo, en 1933, *Nature* rechazó el artículo en el cual Enrico Fermi (1901-1954) explicaba la "desintegración beta", importante descubrimiento para el desarrollo de la física nuclear. Con estos ejemplos, simplemente se quiere asentar que no podemos prescindir del factor humano al hablar de la elaboración y difusión de conocimientos científicos; hacerlo sería ingenuo, aunque de manera lamentable esa "ingenuidad" se halla muy difundida actualmente.

Tampoco la ciencia ha sido impermeable a las ideologías, pues ha llegado incluso a manipular resultados. Se hizo así durante el nazismo, para probar la doctrina de la raza aria. El mito nazi de la raza aria debe mucho a las teorías del biólogo darwinista Ernst Haeckel (1834-1919). Más aun, es sabido cómo modificó los datos de su investigación, la cual sirvió de fundamento biológico a la ideología nazista, es decir, realizó consciente e intencionadamente un fraude científico. Sucedió lo mismo con el comunismo al potenciar de forma exclusiva la "ciencia comunista", aquella acorde con los postulados del partido: siguió sus directrices y despreció, en cambio, a la "ciencia burguesa". Por ejemplo, durante algún tiempo estuvieron prohibidas la genética y la cibernética por motivos ideológicos, por ser consideradas afines al capitalismo o a la "ciencia burguesa" (Artigas y Turbón, 2008: 158), ya que podía contradecir al materialismo histórico.

En efecto, durante la década de los treinta del pasado siglo xx, el agrónomo Trofim Lysenko comenzó una campaña contra la genética y pronto recibió el apoyo de Stalin. "Entre 1934 y 1940, muchos genetistas fueron ejecutados (sumando a Agol, Levit y Nadson) o enviados a campos de trabajo (incluyendo al genetista soviético más conocido, Nikolai Vavlov, que murió en la cárcel en 1943)" (Law, 2012: 17, la traducción del original es nuestra). De igual forma, Lysenko logró en poco tiempo una gran influencia y reprimió a su paso a legítimos científicos. Asimismo, "Cualquiera que desafiara sus heterodoxos métodos o resultados o que apoyara públicamente a Mendel o a Darwin pasaba a considerarse un traidor a la revolución y era fusilado o bien enviado a un retiro sabático permanente en el gulag. En 1948 la genética se prohibió de manera oficial: se la llamaría 'pseudociencia burguesa'" (Spector, 2013: 43). Sólo a mediados de los años sesenta se abandonó la política de perseguir absurdamente a la genética.

En ocasiones, una doctrina se impone el apellido "científica" para alcanzar notoriedad y aprobación. Es el caso del marxismo, que se pre sentaba como "socialismo científico", por estar basado en presuntas "leyes científicas" sobre la historia, la economía y la sociedad. Karl Popper expone tanto en *La miseria del historicismo* (1944) como en *La sociedad abierta y sus enemigos* (1945), cómo el marxismo es en realidad una teoría "pseudocientífica". ¿Dónde radica su falsedad? "En que el marxismo pretende haber establecido unas leyes definitivamente verdaderas sobre la sociedad y, por tanto, si surgen hechos contrarios a dichas leyes, el marxismo los reinterpreta, salvando su doctrina, aunque sea a costa de cerrar los ojos a la realidad" (Artigas, 2009: 245).

Ahora vemos también una "ciencia del género", empeñada en demostrar las afirmaciones de la ideología de género. Por ejemplo, en los años noventa del siglo xx se hicieron experimentos para probar la existencia del gen homosexual. Todos ellos fracasaron como se vio líneas arriba, aunque no es el primer caso, pues desde los inicios de esta línea de pensamiento sucedió, cuando en 1948 corrió como oro de ley el resultado del informe Kinsey (1894-1956), el cual constituye un cimiento científico en el que se apoya dicha ideología. Tal informe, dicho sea de paso, fue realizado sobre una muestra no representativa de la sociedad y cuyos datos han sido leídos una y otra vez en clave manipuladora. Al respecto, Jokin de Irala afirma lo siguiente:

> A pesar de que dicho estudio siga citándose hoy, los expertos en metodología de investigación no tienen muchas dudas a la hora de valorarlo como un estudio sesgado en cuanto a los contenidos de la sexualidad humana. Se realizó, entre otros, recabando la opinión de hombres encarcelados, muchos de los cuales lo estaban por cometer delitos sexuales, y recogieron opiniones de voluntarios universitarios, con lo que no puede considerarse como un estudio representativo de la población general para llegar a conclusiones generales sobre la sexualidad humana (De Irala, 2013: 71).

La literatura pseudocientífica para apoyar dicha teoría es extremadamente abultada y, como señala Popper al explicar la pseudociencia (que él aplica al marxismo y al psicoanálisis), cualquier opinión discordante, cualquier estudio que desmienta dicha teoría, es duramente apabullado, lo que manifiesta de forma ostensible una profunda falta de libertad e independencia a la hora de estudiar estos espinosos temas. Es lo que ha sucedido, por ejemplo, con los estudios que señalan los efectos nocivos de la adopción homosexual, como "Same sex parenting and children's out comes: A closer examination of the American psychological association's brief on lesbian and gay parenting", de Loren Marks (*Social Science Research*, 2012: 735-751), y especialmente "How different are the adult children of parents who have same sex relationships? Findings from the New Family Structures Study", de Mark Regnerus (*Social Science Research*, 2012: 752-770).

La ciencia también depende del mecenas, del factor económico, quien financie algunos tipos de investigación y bloquee, por el contrario, otros. Así se ha desarrollado mucho el estudio del sida y se han distribuido masivamente preservativos, y eliminado otras formas de investigación y prevención que no aporten pingües beneficios económicos a las compañías farmacéuticas.

Científicos antirreligiosos

En secciones anteriores desarrollamos un elenco de notables científicos religiosos, en otras palabras, hombres de ciencia que cultivaban su fe en ámbito personal y muestran de esa forma que no se trata de realidades divergentes u opuestas, más bien distintas, además de perfectamente armonizables. Sin embargo, no todos los científicos son o han sido hombres de fe. Antes se mencionó que 60% de los científicos estadounidenses no creen en un Dios personal, lo que nos da un elevado porcentaje de científicos ateos o agnósticos. Aunque, de hecho, el agnosticismo tiene claras características de moda intelectual, mientras que el ateísmo es un fenómeno creciente dentro de las élites intelectuales. Ello no surge de la nada, tiene unos claros auspiciadores, personas que con el prestigio que les brinda la cátedra científica o intelectual, hacen causa propia el empeño por demoler al fenómeno religioso. Es por ello que no titulamos simplemente al parágrafo como "científicos ateos" y preferimos en cambio el apelativo "antirreligiosos", pues hacen de la lucha contra la religión una causa común.

En efecto, existen muchos científicos ateos, y ateos en el común de la gente, para los cuales la religión no representa ningún interés, ni están a favor o en contra. Ahora bien, no es ése el caso de los científicos que de manera breve vamos a presentar. Ellos, en cambio, han combatido y combaten actualmente, con gran difusión mediática a la religión. Los motivos son múltiples, muchos de ellos la consideran nociva, o sencillamente un lastre para el progreso. Pero es curioso constatar cómo esa actitud suya adquiere tintes religiosos, de "cruzada", cuyo resultado es una especie de religión antirreligiosa.

En 1997 se publicó el interesante libro *¿En qué creen los que no creen?*, un diálogo entre el finado cardenal Carlo María Martini (1927-2012) y un connotado escritor laico —en el sentido italiano del término— Umberto Eco (1932-2016). El título es muy sugestivo, aunque, más bien, aborda el tema de la posibilidad de una ética sin Dios y lo que puede ofrecer la Iglesia a la civilización contemporánea. La ausencia de religión deja un vacío que es llenado por otro tipo de creencias subrepticias e inconfesadas que ocupan su lugar. De hecho, el ateísmo como forma cultural es la cara opuesta de la religión. En definitiva —y aunque les pese a algunos— una forma de creencia con los mismos títulos de "irracionalidad" que la religión misma (siempre desde los presupuestos ateos), puesto que nadie ha podido demostrar nunca que Dios no exista. Mas, tal afirmación siempre ha tenido el carácter de enunciado dogmático, de primer principio y punto de partida indemostrable o convergencia de los propios reclamos tanto al mundo como a la vida.

El ateísmo es, en definitiva, una forma especular de la religión y de ella depende. Los ateos, en consecuencia, pueden tender a comportarse como hombres religiosos y a tener un profundo afán proselitista. Es decir, hacer proselitismo de la ausencia de Dios, como efectivamente realizan algunos de estos investigadores, que no se limitan a desarrollar sus investigaciones en el laboratorio, sino que dedican una parte importante de sus energías y talento a pontificar la ausencia de Dios.

Una muestra clara de lo anterior lo constituye el movimiento Bright. Éste, de alguna manera, aglutina a representantes de una visión cientificista y ecologista del mundo, que prefieren prescindir de un Hacedor, y ofrecer incluso una presentación positiva del ateísmo, llegando a cambiarle de nombre.

En efecto "ateo", "irreligioso", entre otros, son términos que han nacido en polémica con la religión y dependen de ella de manera semántica (significan "sin Dios" y "sin religión" respectivamente). Es necesario desembarazarse en definitiva de todo lastre religioso, y ello no puede realizarse de modo contundente si en el mismo nombre se tiene una referencia a la religión, lo trascendente y Dios. Es preciso, en consecuencia, redefinirlo por sus caracteres propios e ignorar simplemente la realidad de Dios y ofrecer como positiva una explicación alternativa del mundo y la realidad que no mencione a Dios: adquirir mi identidad no por la pelea o la polémica, sino por lo que soy yo mismo, por las notas propias que me definen y que bastarían para otorgarme un carácter propio e independiente.

Suena bien, por decirlo de alguna forma, este deseo de "emanciparse" de Dios de modo pacífico. Sin embargo, no han podido hacerlo sino en forma polémica, es decir, lo que niegan con el nombre ("bright" en vez de "ateo"), lo confirman con los hechos, los cuales tienden a difundir, en polémica con la realidad religiosa, su propia especie de "religión sin Dios". Baste pensar en la leyenda que hace unos años circuló por los autobuses públicos de Gran Bretaña y España, que decía: "Probablemente Dios no existe. Despreocúpate y disfruta de la vida". Richard Dawkins, prominente científico y representante del movimiento Bright, dio el banderazo de salida a esos autobuses en Gran Bretaña (British Humanist Association, 2015: 5).

No se trata de un pacífico "yo pienso de esta forma, ofrezco esta explicación del mundo, que pretende tener un carácter científico, y no ofrezco ningún tipo de referencia a Dios o a lo sagrado, ni polémica, ni de ninguna clase, porque me es extraña y no me hace falta". Una especie de "ignorar", de "hacer como si no existiera", por considerarlo extraño a propósitos propios, e indiferente respecto de mis intereses (como efectivamente hacen multitud de científicos ateos, no así los antirreligiosos). Es decir, ser uno lo que es y dejar a los demás seguir su camino. Pero, insistimos, en la realidad no ha sucedido así. Presenta, por el contrario, un carácter polémico y proselitista, un talante auténticamente misional y de confrontación.

Richard Dawkins

En la postura de Dawkins se observa una admirable amalgama, nada frecuente, entre dos cualidades diferentes: enorme competencia científica y similar capacidad comunicativa. No en vano, es miembro de la Royal Society y de la Royal Society of Literature. Conoce en profundidad el saber científico y tiene altísimas dotes como divulgador, ello explica que ocupe un lugar prominente entre los intelectuales que más influyen en la actualidad.

Su despegue mediático comenzó precozmente. En 1976 publica *El gen egoísta*, en que propone desde el título un gancho sugestivo: ¿cómo puede un gen, es decir, una realidad bioquímica, tener egoísmo, característica propia de la espiritualidad humana? Seguidamente, en dicha obra promueve un cambio de perspectiva dentro de la teoría evolutiva. El sujeto de la evolución y de la selección natural no será, como hasta ese momento, el individuo, el grupo o la especie, sino el gen. Se trata de un auténtico "giro copernicano" en lo que la teoría de la evolución se refiere, pues ya no son los individuos o los grupos los protagonistas de la evolución, sino los genes. El individuo pasa a ocupar un lugar mucho más modesto, se trata únicamente de un portador del gen, que de hecho puede sacrificarse para que éste permanezca. Explica, por ejemplo, los casos existentes en la naturaleza, en los cuales el individuo se sacrifica por el grupo. En ellos, el gen dominante, más que impulsar a la autoconservación del individuo, mueve a la conservación del gen a costa del propio sacrificio (como cuando una paloma da voz de alarma por la presencia de un halcón y se expone ella misma a ser divisada y atacada por el depredador, pero consigue así que se salve un mayor número de palomas) (*Cf.* Artigas y Giberson, 2007: 22).

En su siguiente publicación, *El fenotipo extendido* (1982), es más audaz aun, y de hecho no es seguido por una gran cantidad de biólogos, pues no parece que sea biología lo que está haciendo, sino una especie de filosofía científica realizada no por un filósofo, sino por un científico. Normalmente el fenotipo vendría a ser la manifestación física de un gen: el tener ojos azules, cabello castaño, una determinada altura... Pero Dawkins "extiende" el ámbito del fenotipo "a todos los efectos que tiene sobre el mundo" (*Cf.* Dawkins, 1989: 4, citado en Artigas y Giberson, 2007: 26). Los genes "no sólo dirigen el desarrollo de los cuerpos en que residen, sino que también influyen en las conductas de esos cuerpos" (*Cf.* Artigas y Giberson, 2007: 26). Serían, en este sentido, efectos fenotípicos los nidos de los pájaros, las presas de los castores y las ciudades de los hombres... No es extraño que algunos biólogos consideren estas reflexiones sugerentes, pero ajenas a la biología... Dawkins mismo es consciente de esta dificultad, por ello afirma sin ambages:

"Lo que yo defiendo no es una nueva teoría, no es una hipótesis que se puede verificar o refutar, ni un modelo que se pueda juzgar por sus predicciones (es decir, podríamos afirmar que no es ciencia)... Lo que yo defiendo es un punto de vista, o camino para examinar los hechos familiares y las ideas, y un camino para hacer nuevas preguntas sobre ellas... Pero yo dudo de que haya algún experimento que se pueda hacer para demostrar mi afirmación" (Artigas y Giberson, 2007: 47).

La siguiente gran aportación de Dawkins es el "meme". Genes y memes son replicadores, sólo que el primero es biológico mientras que el segundo es cultural. En la evolución triunfa aquel que es capaz de replicarse un mayor número de veces, sea en el ámbito biológico o en el cultural para el hombre, pero al fin de cuentas el esquema es el mismo. El "meme" es la copia o replicación de la información de carácter cultural; domina quien alcanza a copiarse más, pues así llega a prevalecer. Esta permanencia puede ser por publicidad, difusión masiva, ediciones, copias o repetición incesante de una idea (un eslogan). Su éxito está en que sea "memorable". La religión sería también un "meme", lo mismo que la ciencia, pero un "meme" es "bueno" (la ciencia) y el otro dañino (la religión) (Artigas y Giberson, 2007: 46). El "meme" desea ofrecer una "gran teoría sobre la cultura humana" supuestamente científica. Dawkins se libra así del peligro de ser considerado un determinista genético, pues concede cierto espacio ético a la especie humana.

La religión, al ser un "meme" malo, es considerada un auténtico "virus mental", que se contagia de padres a hijos, o por estar en contacto con personas de fuerte personalidad que a su vez han sido infectadas. Por ello Dawkins opina "basado en la evidencia biológica" que se debe prohibir a los padres transmitir su religión a los hijos para acabar así con la "epidemia" (Artigas y Giberson, 2007: 42).

No en vano Richard Dawkins es considerado el más connotado de los científicos antirreligiosos, una especie de "Papa del ateísmo", calificado incluso como "el Rottweiler de Darwin" (Martínez Zarrazina, s.f.: 4). Baste pensar en el título de un libro, colección de artículos publicado por él en 2003, para darnos cuenta de que no se trata de una especie de engaño publicitario para generar éxito editorial: *El capellán del diablo.*

Anteriormente, en 1988, publicó también con gran éxito *El relojero ciego*, como una respuesta a los científicos que difundían la hipótesis del Diseño inteligente. Para Dawkins, en cambio, el admirable orden del universo se explica sólo por la selección natural, por lo que es superfluo recurrir a Dios. La maravilla de la naturaleza produce "la ilusión del diseño". El mecanismo darwiniano es capaz de explicar la apariencia de finalidad. Lo curioso es que Dawkins tiene esta convicción ¡desde los 16 años! Es decir, mucho antes de que hubiera podido realizar cualquier aportación de carácter científico; sencillamente se ha limitado a ser "fiel a sus principios" a lo largo de su vida.

Dawkins dedica gran parte de su tiempo y publicaciones a polemizar contra la religión; intenta mostrar que se trata de una lucha entre la racionalidad y los prejuicios. Llegó incluso a presentar un documental titulado *¿La raíz de todo mal?* sobre la influencia nociva de la religión en la sociedad. Se enfocó en figuras extremas y con un alto tono combativo y, por ello mismo, tendenciosamente exagerado. De manera curiosa, al realizar su lucha quedan patentes sus propios prejuicios contra lo religioso, pues nunca ha hecho un esfuerzo por conocer realmente lo que afirma la religión por él denostada.

De igual manera, no ofrece evidencia en contra de la tradición y la autoridad. Afirma, por ejemplo, que los cristianos llamamos "revelación" a un "sentimiento subjetivo incomprobable", y pone el caso de la definición del dogma de la Asunción de la Virgen, proclamado de manera solemne por Pío XII en 1950. En el último capítulo de *El capellán del diablo*, en forma de una carta a su hija (lo que da idea de que efectivamente está convencido de lo que afirma y la importancia que conlleva); caricaturiza el modo en el cual la Iglesia define una realidad como de fe y perteneciente al depósito de la revelación. Supone que quizá el Papa se postra a solas en su habitación, se mantiene en oración y alcanza la certeza basada en un sentimiento. Simplemente tuvo que haber sucedido así, un buen día la Virgen fue llevada en cuerpo y alma a los cielos y no nos enteramos hasta hace poco. Ignora culpablemente toda la investigación realizada por el Vaticano en aquella ocasión, así como la consulta sobre el tema a todos los obispos y facultades de teología católica en el mundo. Supone sin más que un día el Papa se levantó con el deseo de definir un dogma porque así lo "sintió".

De igual forma, fue uno de los intelectuales que desde los primeros años del tercer milenio comenzó a escribir furibundamente contra todo lo religioso. Con ocasión de los atentados del 11 de septiembre a las Torres Gemelas, sentenció que la religión había dejado de ser algo inocuo. Se debería tener cuidado, pues podríamos dejarla pasar sin prestarle atención, como la creencia de los niños en Santa Claus o papá Noel, cuando en realidad se trataría de un foco de peligro dentro de la sociedad:

> Peligrosa porque le da a la gente una confianza firme en su propia rectitud. Peligrosa porque les da el falso coraje de matarse a sí mismos, lo que automáticamente elimina las barreras normales para matar a otros. Peligrosa porque les inculca enemistad a otras personas etiquetadas únicamente por una diferencia en tradiciones heredadas. Y peligrosa porque todos hemos adquirido un extraño respeto que protege con exclusividad a la religión de la crítica normal. ¡Dejemos ya de ser tan condenadamente respetuosos! (*The Guardian*, 2001, citado en Artigas y Giberson, 2007: 6971).

Su generalización es claramente injusta, pues no se puede tomar como modelo acabado de la religiosidad a las actividades que realice un grupo fundamentalista islámico. No es lo mismo ser un católico practicante que un musulmán fundamentalista; la madre Teresa de Calcuta (1910-1997) que Osama Bin Laden (1957-2011); el papa Francisco (1936) que Abu Bakr al-Baghdadi (1971-2019), califa del Estado Islámico de Irak y el Levante;

y sin embargo para Dawkins no habría mucha diferencia. Años más tarde, cuando Benedicto XVI visitó Gran Bretaña, pidió que fuera tomado preso, en castigo por los crímenes de pederastia, como si él los hubiera cometido o encubierto, cuando fue precisamente él quien inició el proceso de purificación dentro de la Iglesia y de tolerancia cero ante tan atroces faltas, sin perdonar, en su lucha por la transparencia, a cardenales ni a fundadores de órdenes religiosas. Evidentemente, una injusticia patente de Dawkins, que permite dudar, aunque sea un poco, de la racionalidad y justicia de su causa.

Quizá sea una casualidad o no, pero lo cierto es que a partir de 2004 se han multiplicado las publicaciones difusoras del ateísmo y es Dawkins quien va a la cabeza al respecto. Es probable que se deba, entre otros motivos, a que poco tiempo antes, concretamente en 2003, anunció su "conversión" uno de los ateos británicos más connotados de la segunda mitad del siglo xx, Antony Flew (1923-2010), lo que despertó la perplejidad y puede suponerse, la ira de Dawkins.

Stephen Hawking

Ante todo, Stephen Hawking (1942-2018) fue un hombre admirable, no principalmente por sus aportaciones científicas, nadie duda de que lo sean, sino por la férrea determinación con la que enfrentó su dura enfermedad crónica (ELA o esclerosis lateral amiotrófica) que atrofió progresivamente sus músculos. Lo terrible del diagnóstico y lo duro de la enfermedad no impidieron que se abriera camino en el mundo científico y cultural contemporáneo. Su ejemplo y su voluntad, sus deseos de saber fueron realmente asombrosos.

En el ámbito científico realizó su primera, y probablemente principal aportación, en 1970, cuando describió, junto a sir Roger Penrose (1931), las *singularidades físicas* aplicadas al Big Bang. Penrose había sugerido con anterioridad que las singularidades se daban en el centro de un agujero negro. ¿Qué significa? En el centro del agujero negro existe una densidad infinita, lo cual es físicamente contradictorio, por ello se trata de una singularidad.

Las singularidades se dan cuando aparecen cantidades infinitas, y la mayoría de los físicos coinciden en que las leyes de la física conocidas no se aplican en estos casos, saltan porque no dan de sí, por lo que se produce una situación realmente problemática (*Cf.* Artigas y Giberson, 2007: 91).

Hawking y Penrose desarrollarán la teoría de las singularidades en los agujeros negros y en el Big Bang. El resultado es muy sugerente: ¿qué leyes de la física operan en esos casos?, ¿cómo eran esas leyes antes de que surgieran las cuatro interacciones básicas de la naturaleza (nuclear fuerte, nuclear débil, electromagnetismo y gravitacional)?, ¿cómo fueron los primerísimos instantes del universo? (*Cf.* Artigas y Giberson, 2007: 91-94).

Sin embargo, tiempo después Hawking abandonó la perspectiva de las singularidades y se distanció de Penrose. Al estudiar más a fondo los agujeros negros, descubrió que en ellos puede encontrarse el camino que conduzca a la tan esperada teoría de la unificación, aquella teoría a la que puedan reducirse las cuatro interacciones básicas de la naturaleza. En ese caso no se precisa de la "singularidad" o condición especialísima donde no tienen vigencia esas cuatro fuerzas, sino que se abre el camino a la elaboración de una teoría superior que las unifique. Luego, la tan esperada teoría sería la de la *gravedad cuántica*, con la que sintetiza las dos grandes perspectivas de la física: la de la relatividad, elaborada por Einstein, que funciona estupendamente para explicar el universo en el nivel macro, es decir, galaxias y estrellas, y la cuántica, elaborada por Max Planck, que ha sido utilizada con éxito para describir el universo en el nivel microscópico, en otras palabras, en los niveles atómico y subatómico (*Cf.* Artigas y Giberson, 2007: 94-97).

Relatividad y cuántica fueron desarrollándose a lo largo del siglo xx y funcionan cada una en su ámbito, pero son muy distintas. Hawking intentó unirlas a través de la gravedad cuántica al observar y predecir efectos cuánticos en los agujeros negros. En concreto predijo la existencia, más tarde descubierta, de la después llamada *radiación de Hawking*. Es decir, contra la opinión hasta ese momento generalizada de que de los agujeros negros nada podía salir dada su grandísima fuerza gravitacional, ni siquiera la luz (por esa razón se les llama negros). A su vez, sostuvo que éstos emiten una radiación, característica indiscutible de un efecto cuántico. De esa forma, para explicar los agujeros negros no basta la relatividad, es necesario recurrir a los efectos cuánticos. Si se aplican los efectos cuánticos a las condiciones físicas en donde se postularon las *singularidades* (Big Bang y agujeros negros), ya no tendría que recurrirse a ellas.

Dicho mal y pronto, Hawking vino a corregir a Einstein, pues afirmó que la "relatividad general es sólo una teoría incompleta: no puede decirnos cómo empezó el universo, porque predice que todas las teorías físicas, incluida ella misma, fallan al principio del universo" (Hawking, 1988: 79). Su viraje lo llevará a buscar, en cambio, "un entendimiento del universo, desde nuestra teoría de lo extraordinariamente inmenso (relatividad), hasta nuestra teoría de lo extraordinariamente diminuto (cuántica)" (Hawking, 1988: 79). Hay que decir que esta teoría esbozada por Hawking, todavía no está del todo elaborada, ofrece sólo unas valiosas pistas de por dónde podría ir.

Hasta ahí llega la aportación científica de Hawking, otras propuestas, producto de este desarrollo, son demasiado especulativas todavía, sugiriendo la posibilidad de realizar viajes a través del tiempo o la existencia de multitud de "universos bebé" (*Cf.* Artigas y Giberson, 2007: 118-120).

Propiamente hablando Hawking no es un científico antirreligioso. No es visceral, como sí lo es Dawkins, en su crítica a la religión. En realidad, es un científico serio que ha conocido una evolución entre una cierta simpatía sorda con el fenómeno religioso, hasta el punto de que su primera esposa lo importunaba en este sentido. Tiempo después, fue invitado y aceptó formar parte de la Pontificia Academia de las Ciencias. Luego, tornó a una postura de desapego, cuando no clara divergencia con el fenómeno religioso, hasta el punto de sostener en entrevistas la existencia de una lucha entre religión y ciencia, profetizando el triunfo de la ciencia. De mostrar indiferencia, que a ojos de quien vivía cerca de él era simpatía, evolucionó a una confrontación dialéctica con la religión.

En 2010, por ejemplo, ironizaba de esta forma sobre la posibilidad de un encuentro entre ciencia y religión: "es más sencillo que Corea del Norte gane el mundial de fútbol" (Matysczyk, 2010: 8). Aunque no se detiene en ese punto, sino que las contrapone en clave dialéctica:

"Existe una diferencia fundamental entre ciencia y religión. La religión se basa en la autoridad, y la ciencia se basa en la observación y la razón. La ciencia vencerá porque funciona" (Matysczyk, 2010: 9). En su libro, *The Grand Design* (2010), afirma que es superfluo pensar en la existencia de un creador del universo, pues el Big Bang fue la consecuencia inevitable de las leyes de la física. Dado su prestigio intelectual, es uno de los ejemplos más autorizados al ser llamados en causa para defender el carácter ateo y polémico con la religión por parte de la ciencia.

En 1988 publica *Historia del tiempo*, donde sostiene que, si el universo tuviera un principio, podríamos decir que tiene un creador, pero si es *autocontenido*, no tiene principio ni fin, ni frontera ni borde, y por lo tanto no hay lugar para el Creador. Afirmó Hawking en 1987, durante la conferencia dictada titulada "The Origin of the Universe" en la Universidad de Cambridge que: "las leyes de la ciencia pueden explicar incluso el origen del universo. En ese caso, el universo podría ser autocontenido y completamente determinado por las leyes de la ciencia" (Hawking, 1987. Cit. en Artigas, 1992: 159).

Pero, ¿qué quiere decir exactamente con esta afirmación? Al finalizar una conferencia mencionada con anterioridad comentó lo siguiente:

El tiempo sólo se define dentro del universo y no existe fuera de él, tal como fue señalado por san Agustín: *¿en qué se ocupaba Dios antes de hacer el cielo y la tierra?... no hubo un tiempo en el que Dios no hiciera nada porque el tiempo mismo fue hecho por Dios.* La perspectiva moderna es muy similar. En la relatividad general, el tiempo es precisamente una coordenada que señala eventos en el universo. No tiene ningún significado fuera del conjunto espacio-temporal. Preguntar qué sucedió antes de que el universo comenzase es como preguntar por un punto sobre la Tierra a 91 grados de latitud norte: no está definido. En lugar de hablar de la creación del universo, y quizás de su posible fin, deberíamos simplemente decir: el universo existe" (Hawking, 1987. Cit. en Artigas, 1992: 160).

Sin embargo, sin percatarse del todo, Hawking da aquí con la clave de la cuestión. En efecto, no se puede hablar en física de la creación, no hay lugar para el tema en esta disciplina, precisamente porque se trata de una cuestión metafísica. Que no sea un tema físico no significa que no sea un tema en absoluto; el error de nuevo es metodológico: lo que la física no me puede decir, no existe. Como bien observa san Agustín (354-430), citado por Hawking, no tiene sentido preguntarse por lo que sucedía antes de la creación, ya que el tiempo no existe fuera del universo, es relativo a éste (*Cf.* Artigas, 1992: 160-161).

¿Por qué no puede afirmarse sin más que el universo es autosuficiente y que no precisa de un creador? Si así fuera, debería poseer características divinas que no posee. Debería tener una perfección de la que carece, en cambio, es omnipresente el proceso de generación, corrupción y muerte, es decir, su precariedad y contingencia, su no necesidad. Filosóficamente resulta insostenible tal afirmación. Que el espacio y el tiempo sean en absoluto relativos al universo, y que se hayan producido junto a éste, según unas determinadas leyes físicas, no da una explicación del ser del universo, o de que exista. La respuesta de Hawking es sencillamente que no hay razón alguna y no se la debe buscar.

La corrección conveniente sería la que sigue: no le compete a la física buscarla, cae fuera de sus límites pues, así como el espacio y el tiempo es relativo al universo, la física a su vez es relativa a ambos. Dicho de otro modo, la física depende en absoluto del espacio, del tiempo y de las leyes del universo y se contenta con suponer sencillamente que existe, sin poder ofrecer una explicación al respecto. Pero la explicación es necesaria, lo contrario, valga la redundancia, no explica nada. La razón puede acceder a esta explicación por otros canales diferentes de la física, como son la filosofía y la teología.

Hawking es sutil al afirmar que no podemos demostrar que Dios no exista, pero sí que no es necesario para explicar el universo tal y como existe, bastaría para esto último recurrir a las leyes de la física. De ser así ¿cómo explicar entonces esas leyes de la física?

Según Mariano Artigas, el límite de esta teoría es "atribuir a las teorías físicas sobre el espacio, el tiempo, la materia, la energía y el vacío un sentido metafísico que no poseen" (Artigas, 1992: 157). Además, por definición, la creación en cuanto tal escapa al ámbito físico, pues las afirmaciones que pueda ofrecer esta ciencia sólo tienen sentido y son metodológicamente correctas, "si existe algún procedimiento para relacionarlas con experimentos reales o posibles, y esto no sucede cuando se considera el problema de origen absoluto del universo a partir de la nada" (Artigas, 2003: 283).

Comentadores de Hawking, como Jonathan Halliwell, desarrollan esta idea y concluyen que se produce, efectivamente, una autocreación del universo, creación sin creador (Halliwell, 1992: 12-20. Cit. en Artigas, 1992: 148-149). El universo existe porque debe existir, pues sus leyes así lo exigen. Ante ello, habría que preguntarse otra vez, ¿cómo explicar tales leyes, el que efectivamente se den, que existan? El universo surgiría entonces por una fluctuación del *vacío cuántico* o *burbuja cuántica* (*Cf.* Artigas, 2003: 281-283; Artigas, 2007: 362-365).

La famosa teoría de la gravedad cuántica puede explicar lo que sucedió "antes de la creación", entendida esta última como el Big Bang. Obviamente, se trata de una extrapolación ilegítima al atribuir a teorías y términos físicos un significado metafísico que no tienen. El vacío cuántico es un estado físico determinado, no es la nada metafísica. Se define en la física con teorías experimentales y datos matemáticos. La misma línea va a ser seguida por Peter Atkins (1940), especialista en química cuántica y autor del famoso y polémico libro: Cómo crear el mundo (1995), quien también sostiene la hipótesis de la "autocreación del universo" (Cf. Artigas, 1992: 151-158; Artigas, 2007: 98).

Hawking intenta descalificar a los científicos que defienden el "diseño inteligente" y propone la alternativa de los "multiuniversos". Con base en sus estudios sobre "agujeros negros", tema en el que es especialista, lanza la hipótesis de que existen infinidad de universos formándose continuamente, de forma que el "privilegio" humano de vivir en un universo con un ajuste finísimo, que permite su vida en él, no sería sino resultado de una probabilidad estadística, incluso existen infinitud de universos reales que permiten tal posibilidad. Cabe decir que la hipótesis de Hawking se queda en aquel rango, se encuentra, por lo pronto, en un nivel muy teórico, sin poder ofrecer por el momento más que cálculos matemáticos convergentes, pero ninguna demostración concluyente. De hecho, algunos descubrimientos recientes, como el "Bosón de Higgs", juegan más bien en su contra (es conocida la apuesta que perdió con el físico Gordon Kane, pues Hawking aseguraba que dicho bosón no se iba a encontrar) (*El mundo*, 2012: 3).

Existe todo menos la uniformidad propia de un concierto en torno a las hipótesis de Hawking al interior de la comunidad científica. También sufrió y aún recibe críticas su postura. Generalmente, se la considera muy especulativa y en realidad incomprobable o, por lo menos, según las previsiones de algunos, pasarán varios decenios antes de que pueda ser verificada. Para algunos, como John Horgan (1953), quien fuera durante años el principal redactor de *Scientific American* (importante revista dentro del ámbito científico), su posición raya en la ciencia ficción, y no es de extrañar, pues la hipótesis de los "multiuniversos" o de la posible existencia de "túneles del tiempo" parece más bien propia del guion de *Star Wars* o *Star Trek*, que de una seria discusión científica (Artigas y Giberson, 2012: 174).

Al final, resulta curioso que, al definirse Hawking a sí mismo como positivista y, en polémica con Penrose, declare lo siguiente: "Yo no pido que una teoría se corresponda con la realidad porque no sé qué es eso. La realidad no es una cualidad que se pueda verificar en tornasol. Todo lo que me interesa es que la teoría prediga los resultados de sus medidas" (Hawking y Penrose, 1996: 135). Y, sin embargo, afirma rotundamente que el universo ya no precisa de un Creador. Queda en el aire la duda de si no es una afirmación demasiado ambiciosa para alguien que no "sabe lo que es la realidad", y si no son excesivas consecuencias para un "modelo matemático" (*Cf.* Artigas y Giberson, 2007: 118).

Carl Sagan

Mundialmente conocido por su serie *Cosmos* —se calcula en 500 millones el número de personas que la han visto—, recién relanzada y actualizada, Sagan (1934-1996) ha sido uno de los científicos divulgativos que más han influido en ofrecer una imagen de la ciencia que prescinde de Dios, al declararlo expresamente una hipótesis superada, y ver en la religión un freno al auténtico conocimiento. Su serie tiene el inmenso mérito de divulgar para el gran público, neófito en esos temas, muchos de los avances y proyectos de la ciencia moderna, particularmente la astrofísica. Ha contribuido a que se conozca en escala global lo que la NASA realiza en el ámbito espacial, como en su tiempo lo fueron las sondas espaciales Viking, Mariner, Pioneer y Voyager.

Sagan llegó a ser virtualmente el principal difusor público de la ciencia, lo que para la labor científica es muy importante, pues le facilita la consecución de los fondos y la aceptación pública generalizada, imprescindible para la investigación. Además, curiosamente, se convirtió en "embajador de la humanidad", al promover y coordinar toda la información que con tenían las sondas espaciales Pioneer 10 y 11, así como las Voyager 1 y 2, sobre el hombre y el planeta Tierra. De hecho, y ha sido ésta una de las ideas que mayor notoriedad le han otorgado, siempre estuvo convencido de la existencia de vida inteligente en otras partes del universo. Más aún, pensaba que se trataba de civilizaciones muchísimo más adelantadas que la nuestra. De esa manera, mediante las sondas, así como de los radiotelescopios, buscó —sin éxito— el contacto con ellas. Suponía además que eran benévolas e, incluso, encontrarlas nos ayudaría a solucionar problemas tales como la carrera armamentista o la contaminación ambiental. Su hijo, Dorion Sagan, consideraba que para su padre la búsqueda de vida extraterrestre era el sustituto de la religión en la edad secular.

Sin embargo, nuevamente junto con la difusión amable del saber científico viene también una dosis nada desdeñable de prejuicio ideológico y de lectura sesgada de la historia de la ciencia, así como del papel que la religión ha jugado en la historia. Un ejemplo claro lo tenemos en el mismo subtítulo de la obra que lo lanzó a la fama mediática, *Cosmos: una evolución cósmica de 15 000 millones de años que ha transformado la materia en vida y conciencia* (Artigas, 2007: 124). La porción de ciencia está ricamente guarnecida de materialismo y se ofrece como si fuera lo mismo, como si el materialismo fuera una conclusión científica.

De hecho, ése es el estilo de Sagan. Solía presentar su punto de vista filosófico indirectamente, en un contexto científico, como si fuera el resultado de la ciencia, cuando no lo era. Por ejemplo, de manera muy delicada dice que Dios no existe: "Ordinariamente se dice que Dios hizo el universo, pero entonces queda la pregunta, ¿quién hizo a Dios? Se dice que Dios existe desde siempre. ¿Por qué no mejor ahorrar un paso y decir simplemente que el universo existe desde siempre?" (Sagan, 1982: 257). Se puede estar de acuerdo o no con este razonamiento, pero lo que es claro es que se trata de eso, un razonamiento. No es precisamente el resultado de un experimento científico, ni una medición experimental, sino nada más que la idea de un hombre de ciencia.

A diferencia de Dawkins, no le interesa pelear contra la religión ni difundir el ateísmo. Simplemente tiene una visión muy simplista del fenómeno religioso, y considera que la religión se propone explicar las mismas realidades que el saber científico, pero lo hace de la peor manera. En la medida en que la sociedad tome conciencia de esta insuficiencia irá abandonando paulatinamente a la religión.

Estos prejuicios le jugarán malas pasadas, pues le llevarán, por ejemplo, a tener graves errores históricos a la hora de explicar el desarrollo de la ciencia. Por ejemplo, en el capítulo séptimo de *Cosmos* desarrolla el aparente conflicto perpetuo entre ciencia y religión. Sus héroes son los presocráticos (Tales y Demócrito), a los que contrapone con Platón y Aristóteles, quienes apagarían el incipiente inicio de la ciencia. Sin embargo, su perspectiva a este respecto está plagada de inexactitudes y omite aspectos de los presocráticos contrarios a su interpretación cientificista o menosprecia la aportación científico-religiosa de Pitágoras. Lo mismo le sucede al presentar, en el último capítulo de la serie, a Hipatia de Alejandría. Es decir, ofrece una lectura tendenciosa, marcadamente cientificista, que los especialistas en historia o filosofía no compartirán en general, pero que utiliza sólo para justificar sus propios e inconfesados prejuicios filosóficos.

En la actualidad existen, tristemente, multitud de lecturas sesgadas sobre el papel que la religión ha jugado en la historia. Incluso, abundan ejemplos en diferentes programas de gran difusión realizados por History Channel, Discovery Channel, National Geographic e incluso Animal Planet. Muchos de ellos han seguido la secuela de *Cosmos* y muestran cómo la labor divulgativa de Sagan lamentablemente ha creado escuela al respecto, y aunque falleció hace ya algunos años, su estilo está aún presente en multitud de trabajos científicos que incluyen gratuitamente elementos antirreligiosos y muchas veces anticristianos.

Sin embargo, Sagan se definía como agnóstico o, en caso contrario, consideraba que Dios no podría ser sino las leyes mismas del universo, es decir, una especie de panteísmo que antaño propuso Einstein. Además, su obra ha ofrecido abundante material para el desarrollo del neoateísmo del siglo XXI, así como a la crítica superficial de la religión. Tal crítica, sin embargo, parte de una versión simplista, cuando no ridícula, que muchas veces no es sino fruto de la ignorancia y las versiones estereotipadas que sobre el fenómeno religioso están en circulación.

Hay que decir, en honor a la verdad, que al final de su vida Sagan suavizó un poco su actitud respecto del fenómeno religioso; no precisamente por pensar que fuera razonable o por sentir inclinación hacia ella, sino porque se dio cuenta de que era un potente aliado en una lucha que él estaba librando, la batalla por la ecología, la defensa del planeta. En efecto, en sus últimos años se involucró con el movimiento ecologista y, como activista, fomentó encuentros con líderes religiosos, porque veía en ellos una fuerza importante a favor de la salvaguarda del planeta. Según uno de sus biógrafos, el punto de quiebre estuvo en un encuentro con san Juan Pablo II, en 1984, promovido por la Pontificia Academia de las Ciencias. El motivo fue explicar los efectos del posible "invierno nuclear", vale decir, los terribles resultados que presumiblemente acabarían con gran parte de la vida en la Tierra de desencadenarse una guerra atómica entre las dos superpotencias. Sagan descubre que el Papa sigue el hilo de la argumentación, pregunta con interés y finalmente publica una declaración que advierte sobre los peligros de ese posible invierno nuclear y la carrera armamentista. Conoce, además, una forma de religiosidad que desea integrar la razón, y se da cuenta de que lo que dice el Papa tiene peso, pues lo escuchan millones de personas.

A Sagan no le faltaba razón. En el ámbito católico, por ejemplo, Juan Pablo II comenzó a escribir sobre el tema. Después, con mucha más frecuencia, Benedicto XVI hablaba de la ecología y la importancia de la defensa del planeta hasta el punto de integrar la ecología dentro de la Doctrina Social de la Iglesia en su carta encíclica *Caritas in veritate*. Más recientemente, el papa Francisco publicó su esperada segunda encíclica, que aborda de manera expresa el tema de la ecología (Francisco, 2015). Si bien *Laudato si* ("Alabado seas") no es novedosa en cuanto al tema, sí lo es respecto de la relevancia magisterial del documento y el papel que se le otorga a la ecología en la vida de la Iglesia. Cabe decir que dedica expresamente un parágrafo a tratar el argumento del presente libro, la relación entre fe y ciencia: *Las religiones en diálogo con las ciencias* (nn. 199-201). Además, la Iglesia católica, en su afán de fomentar el diálogo interreligioso, ha encontrado en la salvaguarda de la creación puntos en común con el budismo, el cual, como es sabido, promueve el respeto de la naturaleza.

Sagan permaneció materialista hasta el final, y aunque llegó a sostener que "no hay necesariamente un conflicto entre ciencia y religión", y valoró los esfuerzos que la Iglesia católica hizo "con tres siglos de retraso" para aceptar los descubrimientos científicos, continuó pidiendo explicaciones científicas de milagros o realidades de fe como la "transustanciación", lo que demuestra que en este aspecto no indagó lo suficiente o no llegó a comprender que se trata de realidades diversas, pero complementarias (*Cf.* Artigas y Giberson, 2012: 214).

Daniel Dennet

Recordemos que Daniel Dennet (1942) no es científico, sino filósofo, aunque conoce muy bien los trabajos científicos y, con base en ellos, desarrolla su filosofía. En su libro *La peligrosa idea de Darwin*, aparecido en 1999, sostiene que la "teoría de la evolución es un ácido que diluye la religión". Todo, incluso la religión, es resultado de la evolución biológica. No existe un plan superior, ni diferencia entre el hombre y los demás seres de la naturaleza. Las leyes de la física pueden emerger del caos o la nada, sin necesidad del Creador.

En realidad, Dennet puede considerarse un "dawkiniano ortodoxo", pues sigue a pie juntillas los postulados de Dawkins en lo que se refiere a los "memes", aunque propone en realidad un darwinismo universal. Dicho de otra forma, la teoría evolutiva como explicación última de todo, incluida en este caso la conciencia humana.

Dennet ha desarrollado estudios para demostrar que no es necesario recurrir a ningún principio espiritual para explicar la conciencia humana y, en consecuencia, tampoco los principios éticos inscritos en el corazón humano. Además, es un ateo proselitista que se propone difundir clases de ateísmo, y lo presenta como sucedáneo de las clases de religión en los colegios estadounidenses, un medio para librar a las personas de la superstición y alcanzar un mayor progreso.

Estas ideas, hoy muy difundidas, han sido popularizadas por su trabajo, que adolece de una clara interpretación en clave ideológica de los datos científicos. De esa manera, constituye un ejemplo paradigmático del "evolucionismo" radical, tan en boga en estos primeros años del siglo XXI.

Científicos prominentes irreligiosos

Estaría incompleto el cuadro si no presentáramos un elenco, si bien breve, de algunos científicos contemporáneos, quienes sin ser religiosos o confesándose incluso ateos o agnósticos, no polemizan con la religión, pues no es su campo de interés. Sobre todo, demuestran clarividencia intelectual para darse cuenta de que sus estudios se refieren a un ámbito diverso y dejan espacio para el fenómeno religioso. En otras palabras, sin ser ellos religiosos defienden la actitud religiosa como legítima y que la ciencia nada dice a favor ni en contra.

Su testimonio es particularmente relevante, pues deja fuera de duda el peligro de tener cualquier tipo de compromiso intelectual, ideológico o religioso. Son testigos, en efecto, de la autonomía e independencia de los distintos planos y una muestra fehaciente de que no es científico contraponerlos.

Francisco J. Ayala

Ayala (1934) es profesor de la Universidad de California y uno de los más notorios especialistas en la teoría de la evolución en la actualidad. Asimismo, se define como agnóstico. Sin embargo, rechaza la opinión de que el desarrollo de la ciencia convierte a Dios en superfluo, y tiene además una gran agudeza sobre los límites inherentes al método científico.

Entre sus declaraciones al respecto, destacamos la siguiente:

La existencia [de Dios] y la creación son compatibles con la evolución y los procesos naturales. La solución reside en aceptar la idea de que Dios opera a través de causas intermedias: que una persona sea una criatura divina no es incompatible con la noción de que haya sido concebida en el seno de su madre y que se mantenga y crezca por medio de alimentos [...] la evolución también puede ser considerada como un proceso natural a través del cual Dios trae las especies vivientes a la existencia de acuerdo con un plan (Artigas, 2009: 250).

Por otro lado, Ayala delimita qué puede pedir a la ciencia y qué escapa por definición a su ámbito, sin que por eso deba ser falso o inexistente, como contrariamente piensan otros evolucionistas. Señala de manera coherente, por ejemplo, que la creación "es una noción que, por su propia naturaleza, queda y siempre quedará fuera del ámbito de la ciencia" (Artigas, 2009: 147). ¿A qué puede deberse? Según hemos visto, la ciencia puede describir el paso de un estado físico a otro, mas no el surgir absoluto de lo físico mismo. Aunque no sólo excluye a la creación como tal del ámbito científico. Engrosa la lista con otras realidades como "la existencia de Dios y de los espíritus, y cualquier actividad o proceso definido como estrictamente inmaterial" (Artigas, 2009: 250). El motivo es obvio: la ciencia se ciñe a lo material, a lo medible y cuantificable, si algo por definición no es así, escapa al ámbito de las ciencias. El saber científico, en cuanto aspira a obtener un "conocimiento del mundo natural que pueda someterse a control experimental y, por tanto, pueda proporcionar un dominio controlado de la naturaleza" (*Cf.* Artigas, 2009: 255; Artigas, 1992: 43), presupone la existencia de la naturaleza misma, no puede dar razón del surgir mismo de ella, pues no es susceptible de control experimental.

Stephen Jay Gould

Gould es uno de los más destacados especialistas en la teoría de la evolución. Como hemos visto anteriormente, es autor de una de las últimas y múltiples correcciones que ha sufrido la teoría darwinista, al elaborar la teoría del equilibrio puntuado. Es, igualmente, antagonista de Dawkins y su escuela, con respecto al modo de explicar la evolución. Ambas corrientes han debatido al respecto sobre cómo entender e interpretar la evolución.

Lo que importa señalar es que Gould no polemiza con Dawkins desde una perspectiva religiosa, pues no es religioso, sino agnóstico. Su polémica con él conoce dos caminos paralelos. El primero es más acorde con su campo de estudio. Consiste en evaluar las etapas de la evolución, cuáles son sus modos y leyes de funcionamiento. El segundo, de alguna forma, se desprende del anterior, pues Gould no suscribe que la teoría evolutiva haga superflua a la religión, tal como piensan Dawkins, Atkins y Dennet. Por el contrario, dedica algunas de sus obras (*Érase una vez el zorro y el erizo. Las humanidades y las ciencias en el tercer milenio*, de 2004, y *Ciencia versus religión: un falso conflicto*, en el 2000) a mostrar, entre otras cuestiones cómo son compatibles o, más exactamente, que no tienen por qué entrar en colisión.

En concreto, ha encontrado éxito su perspectiva de la NOMA(non-over lapping magisteria, por sus siglas en inglés; en castellano, magisterios no superpuestos) para explicar la relación entre ciencia y religión. Resumida mente, lo explica de la siguiente forma:

> No puede existir una oposición dicotómica en la lógica porque la ciencia y la religión tratan de aspectos de la vida que son muy diferentes (e igualmente importantes) [...] La ciencia intenta registrar y explicar el carácter objetivo del mundo natural, mientras que la religión se esfuerza con cuestiones espirituales y éticas acerca del significado y de la conducta adecuada de nuestras vidas. Simplemente, los hechos de la naturaleza no pueden dictar un comportamiento moral o un significado espiritual correctos (Artigas y Giberson, 2007: 80).

Es en particular muy valiosa su perspectiva, pues se trata de un científico evolucionista de primer nivel quien, siendo agnóstico, reconoce simple y llanamente lo que la ciencia no le puede proporcionar (la cuestión ética y la cuestión del sentido). Incluso sin adscribirse a ninguna religión concreta, deja acta de ser ese precisamente el campo en el cual la religión es competente.

En otras palabras, se trata de un valioso ejemplo de cómo un investigador científico puede darse cuenta de que su parcela del saber no constituye el saber absoluto y excluyente, que existen otros ámbitos de conocimiento reales, llenos de sentido. Gould define el término "magisterio" como "un dominio en el que una forma de enseñanza mantiene las herramientas adecuadas para elaborar un discurso significativo" (*Cf.* Artigas y Giberson, 2007: 79). Uno es el magisterio de la ciencia, y otro distinto el de la fe. No chocan, ni se sobreponen; sin embargo, Gould no llega a afirmar que pueden cooperar, más bien serían líneas paralelas que nunca se tocan, aunque ambos aportan algo al hombre y por ello gozan de sentido. Son empresas completamente independientes que tienen un desfase metodológico. Dicho de otro modo, funcionan con métodos y criterios distintos, pero ambos magisterios ofrecen una visión complementaria y enriquecedora de la realidad.

Obviamente, las obras de Gould no sentaron bien a los furibundos cientificistas, quienes de manera dogmática sostienen el conflicto irreconciliable entre ciencia y fe. Gould, en contraste, reconoce que fue formado en esa escuela, pero afirma que se trata de "una dicotomía absolutamente falsa y caricaturizada que sólo puede faltar al respeto a ambos supuestos bandos de este conflicto inexistente. La religión, en tanto que entidad coherente, nunca se opuso a la ciencia de manera general o completa" (Artigas y Giberson, 2007: 81). Que lo anterior lo diga una persona religiosa no tiene nada de particular, pero al afirmarlo un connotado científico agnóstico adquiere relevancia.

Balance final

Después de un recorrido sumario a través de la compleja relación entre ciencia, filosofía y religión, podemos aventurar algunas conclusiones. Aunque realmente ya lo habíamos señalado casi al comienzo del texto. En el fondo, se invita a la interdisciplinariedad, pero quizá, al final del breve camino recorrido tengamos más herramientas para descubrir su pertinencia.

En efecto, son tres saberes distintos con métodos diferentes, los cuales poseen un cierto desfase entre sí. Cada uno estudia la realidad desde la perspectiva que le es peculiar y, al hacerlo, elabora una terminología y un lenguaje propios. De esta forma, la ciencia aspira al conocimiento de la naturaleza y su consiguiente dominio controlado; la filosofía, en cambio, se avoca a los primeros principios de la realidad, las cuestiones últimas, la esencia del hombre y, por extensión, los aspectos éticos de la actuación humana; la teología, por su parte, se plantea la existencia de Dios, su naturaleza, relación con el mundo, así como aquellas realidades espirituales, como en el caso del alma humana, que tienen una particular relación con Dios.

Igualmente existe un claro desfase metodológico entre los tres saberes, aunque son conmensurables los dos últimos, no el primero. La filosofía puede servir de puente entre la ciencia y la teología, puesto que la teología se sirve de ella en el análisis de la fe. La filosofía, para ser completa, necesita enriquecerse con los datos suficientemente sustentados que le pueda aportar la investigación científica. La ciencia, para no volverse nociva a su autor, requiere por su parte de una adecuada perspectiva filosófica y, en consecuencia, una orientación antropológica y ética. Al respecto, según MacIntyre "la ciencia experimental en cuanto búsqueda de la verdad tiene un significado ético" (MacIntyre, 1978: 21-39). La relación entre ciencia y filosofía surge de manera natural, espontánea, pues "la ciencia experimental tiene sentido en la medida en que consiste en la búsqueda de la verdad, y el compromiso con esta tarea explica por qué la ciencia es una tarea moral" (Artigas, 2007: 225). "La búsqueda de la verdad es un valor ético fundamental en la vida humana" (Artigas, 2009: 276).

Además, la ciencia funciona a partir de unos supuestos que no puede probar, por lo que reclaman una aproximación filosófica. ¿Cuáles serían? En primer lugar, la existencia de una realidad exterior distinta del pensamiento del científico; luego, esta realidad tiene un orden natural de acuerdo con leyes objetivas, de manera que todo suceso tiene una causa que lo ha provocado y que tenemos la capacidad de conocer dicho orden; y, por último, la existencia de unos objetivos de la actividad científica que son considerados valiosos. A su vez, la teología debe intentar integrar las aportaciones que puedan proporcionarle estos dos saberes, pues al enriquecer su comprensión del mundo y del hombre, invitan a profundizar en la comprensión de Dios y su actuar.

La interdisciplinariedad tiene el propósito de tender puentes entre los distintos lenguajes y respetar la diferencia de método y objetivos entre cada uno de los saberes. Crea cauces de comunicación y entendimiento para mostrar que, lejos de ser antagónicos, pueden ser complementarios o, por lo menos, no enfrentarlos, y que cada uno goce del legítimo derecho de existir; ninguno es vano ni superfluo.

La interdisciplinariedad presupone el rigor metodológico; es decir, que cada ámbito del saber se circunscriba a lo que puede afirmar y que, si da un paso más allá, sea consciente de que lo está haciendo y, al hacerlo, ha abandonado la plataforma en la que antes estaba parado para ingresar a una nueva, en la cual, si acaso —al tratarse de un investigador concreto— probablemente sea un neófito. En opinión de Mariano Artigas, "el gran protagonista de la interdisciplinariedad es la filosofía. Lo es necesariamente, porque sólo ella posee la capacidad de tender puentes entre perspectivas separadas por objetivos y metodologías diferentes" (Artigas, 2007: 222).

La tentación más frecuente al respecto, por lo menos recientemente, viene de la ciencia. Ello sucede cuando se erige como el único saber válido cultivable por el hombre y menospreciar otro tipo de conocimientos y pontificar sobre aspectos filosóficos o teológicos a los que no puede ofrecer el grado de certidumbre que proporciona en su propio terreno. A lo largo del libro, insistentemente se han señalado esos límites; se ha mostrado cómo muchos científicos acaban haciendo filosofía sin percatarse de ello. Aunque históricamente se han dado, ya hace varios siglos, ejemplos de lo contrario; es decir, de la religión que actúa de forma invasiva en el ámbito científico. En el texto han quedado precisados los límites y las circunstancias del caso.

De cualquier modo, no hace falta ser un especialista científico, un científico prodigioso para descubrir —pues pensamos que ha quedado suficientemente documentado— que no es real la oposición entre ciencia y fe. El hecho sencillo, pero evidente, de que entre los hombres de ciencia se encuentran también hombres de fe profunda, se manifiesta de forma ostensible. Que algunos científicos nieguen a Dios, mientras que otros lo afirmen, es una muestra concluyente de que la existencia o no de Dios escapa a la ciencia. Lo propio del conocimiento científico es ofrecer, cuando se ha sentado suficientemente un saber, un acuerdo generalizado en la comunidad científica sobre determinado tema en cuestión, y ello no sucede en el caso de Dios.

Como corolario de este último aserto puede servir de ejemplo la siguiente curiosa anécdota: Steven Weinberg (1933), Premio Nobel en Física (1979) por su trabajo sobre la teoría electrodébil, una de las teorías de unificación más importantes formuladas en el siglo XX, sostuvo, "no puede creer en un Dios que ha permitido el Holocausto" (Artigas y Giberson, 2007: 177, 183-184). Richard Dawkins, por su parte, lo presenta como ejemplo paradigmático de científico ateo. La causa de su ateísmo, sin embargo, no es científica, sino filosófica en cuanto a la experiencia del mal, concretamente por sus familiares muertos en el holocausto o las enfermedades terminales de sus padres, a cuyo sufrimiento no encontraba sentido. Lo curioso del caso es que "Weinberg compartió el Premio Nobel con Abdus Salam (1926-1996), quien trabajó en la misma teoría de modo independiente y se manifestaba abiertamente como persona religiosa" (Artigas, 2007: 348). Salam es musulmán practicante y, por lo tanto, cree en un Dios personal que escucha la oración y otorga beneficios. Incluso, en ocasiones se queja "de que somos los hombres quienes, a veces, provocamos que los beneficios sean mal repartidos" (Artigas, 2007: 349). Ahora bien, los dos son científicos, los dos desarrollaron la misma importante teoría física, los dos recibieron juntos el premio Nobel, pero uno es ateo y el otro creyente. De hecho, Salam citó el Corán en el contexto del banquete organizado con motivo de la recepción del Premio Nobel. En esa ocasión, habló de la perfección de Dios en la creación y terminó su discurso con un emocionado "que Dios los bendiga" (Artigas y Giberson, 2012: 55).

El conocimiento científico, aunque esté suficientemente sustentado, debería ser siempre falseable. Dicho de otra forma, para que la ciencia no se estanque, se buscan continuamente nuevos modos, nuevas hipótesis, nuevas construcciones del saber. Nada de eso sucede en el conocimiento de Dios. Por ello, podemos conceder que la ciencia no alcanza por sí sola a Dios, aunque de ello no se desprende su inexistencia, ni la imposibilidad de que lo conozca la mente humana. Si el camino científico es inapropiado para llegar a Dios —aunque ha sido el camino recorrido por algunos como Francis Collins—, existen otras vías como la filosófica o la teológica que sí pueden lograr este fin.

En consecuencia, es pertinente la siguiente reflexión de san Josemaría:

Con periódica monotonía, algunos tratan de resucitar una supuesta incompatibilidad entre la fe y la ciencia, entre la inteligencia humana y la Revelación divina. Esa incompatibilidad sólo puede aparecer, y aparentemente, cuando no se entienden los términos reales del problema. Si el mundo ha salido de las manos de Dios, si Él ha creado al hombre a su imagen y semejanza (*Cf.* Génesis 1, 26) y le ha dado una chispa de luz, el trabajo de la inteligencia debe —aunque sea con un duro trabajo— desentrañar el sentido divino que ya naturalmente tienen todas las cosas; y con la luz de la fe, percibimos también su sentido sobrenatural, el que resulta de nuestra elevación al orden de la gracia. No podemos admitir el miedo a la ciencia, porque cualquier labor, si es verdaderamente científica, tiende a la verdad. Y Cristo dijo: *Ego sum veritas* (Juan 14, 6). Yo soy la verdad" (Escrivá de Balaguer, 2013: n. 10).

La única Verdad, origen de todas las demás verdades, la cual elimina en principio cualquier reticencia o resquemor respecto del saber científico ha sido vista con claridad por Galileo. San Juan Pablo II, durante un discurso a la Pontificia Academia de las Ciencias, en 1979, citó fragmentos de la carta dirigida al padre Benedetto Castelli, fechada el 21-xii-1623, donde expresa con fuerza y concisión esta doctrina: "Galileo declaró explícitamente que las dos verdades, la de la fe y la de la ciencia, no pueden contradecirse jamás. La Escritura santa y la naturaleza, al provenir ambas del Verbo divino, la primera en cuanto dictada por el Espíritu Santo, y la segunda en cuanto ejecutora fidelísima de las órdenes de Dios" (Juan Pablo II, 1979: n. 7). Que haya afirmado lo anterior aquel al que puede considerarse padre de la ciencia moderna, es suficiente argumento para descalificar como advenedizo a cualquiera que venga a sostener lo contrario, es decir, recaer en el conflicto inevitable entre ciencia y fe.

Nosotros necesitamos la cooperación entre las diversas formas de conocimiento, pues, como diría Aristóteles al comienzo de su *Metafísica*: "todos los hombres desean por naturaleza saber" (Aristóteles, 2006: 980a21). En tanto personas, de poco nos sirve un saber fragmentario, cuando no contradictorio o conflictivo. Necesitamos, en cambio, una visión sapiencial, buscar una imagen unitaria del mundo y de nosotros mismos, y para que esta imagen sea completa, se precisa el concurso de las tres formas de conocimiento: ciencia, razón y fe.

De igual manera, san Juan Pablo II, en la carta encíclica *Fides et Ratio*, ha definido al hombre como "aquel que busca la verdad" (Juan Pablo II, 1998: n. 28). Esta verdad es sinfónica, polimórfica, no existe un único camino para acceder a ella. Más aún, todos los caminos que a ella conduzcan son buenos y es preciso desenmascarar prejuicios o actitudes que arbitrariamente clausuren alguno de ellos, ya que la pérdida para la humanidad sería entonces irreparable y catastrófica, si nos referimos al empobrecimiento humano.

Esta síntesis de conocimientos debe transmitirse dentro de la enseñanza universitaria. La universidad tiene el propósito de producir mentes formadas de manera armónica, que cuenten con una visión arquitectónica y sapiencial de la realidad. Ése es su gran reto. Mas, ello requiere cambiar de paradigma; huir de la excesiva sectorialización del saber; profundizar en la propia parcela del conocimiento y no ignorar los avances de las otras parcelas.

La síntesis, al final, se da en las personas concretas, en su mente y corazón, de forma que se consiguen individuos con mentalidad abierta y corazón grande. Un cristiano debería ser precisamente —contra la opinión estereotipada, por lo general muy difundida— un adalid de la mentalidad abierta. San Josemaría lo expresa adecuadamente en *Surco*, un libro de aforismos que ha alcanzado fama mundial, hasta el punto de convertirse en un clásico de la espiritualidad:

> Para ti, que deseas formarte una mentalidad católica, universal, transcribo algunas características: amplitud de horizontes, y una profundización enérgica, en lo permanentemente vivo de la ortodoxia católica; afán recto y sano (nunca frivolidad) de renovar las doctrinas típicas del pensamiento tradicional, en la filosofía y en la interpretación de la historia...; una cuidadosa atención a las orientaciones de la ciencia y del pensamiento contemporáneos; y una actitud positiva y abierta, ante la transformación actual de las estructuras sociales y de las formas de vida (Escrivá de Balaguer, 2011: n. 428).

Para profundizar

La intención del presente texto es divulgativa. Quiere ofrecer una respuesta breve, casi rápida, a uno de los problemas más frecuentes en la formación universitaria y escolar actual, como es la fragmentación del saber, la falta de interdisciplinariedad, con el consecuente resultado de producirse, casi en serie, multitud de profesionales carentes de una visión estructurada, ordenada y unitaria —con respeto por la diversidad— de la realidad. Además, debido a una fuerte presión mediática que de manera paradójica produce una triste desinformación, marcadamente tendenciosa e injustamente crítica con la fe religiosa, en general, y con la Iglesia católica, en particular, es necesario mostrar cómo en realidad no existe, ni es válida esa supuesta oposición entre ciencia y fe.

Al agudizarse esta creencia, pues no hay argumentos consistentes que la avalen dentro de una franja muy amplia de la población estudiantil, urgen trabajos como el presente, los cuales, con una rápida perspectiva, ofrezcan una visión alternativa, mostrando así, por lo menos, que el problema es más complejo y que no puede sentarse cátedra pacíficamente al respecto. Sin embargo, este texto tiene el deseo de ser también una invitación a profundizar. Por ello, las citas a pie de página y las referencias eruditas han sido omitidas casi por completo para agilizar su lectura.

Siguen aquí una serie de referencias, que han servido de fundamento al presente texto y constituyen una especie de bibliografía básica al respecto. Destaca, entre ellas, la obra de Mariano Artigas, un auténtico gigante en lo que a esfuerzo divulgativo e interdisciplinar se refiere respecto de la triada ciencia-filosofía-teología. El autor de estas líneas tuvo la fortuna de tenerlo como profesor en los cursos de doctorado, y el presente texto es un sencillo homenaje póstumo que elige "divulgar" al anterior "divulgador".

Referencias

Alfonseca, Manuel

2014   "¿Es el hombre un animal más?", en Soler Gil, F.J. y M. Alfonseca (eds.), *60 preguntas sobre ciencia, razón y fe respondidas por 26 profesores de universidad*. Barcelona: Stella Maris, pp. 188-193.

Alonso, Carlos Javier

2001   *Historia básica de la ciencia*. Pamplona: EUNSA.

Aristóteles

1986   *Ética nicomaquea* y *Ética eudemia*. Madrid: Gredos.

2006   *Metafísica*. Madrid: Gredos.

Artigas, Mariano

1986   *Ciencia, razón y fe*. Madrid: Mundo Cristiano.

1989   "El cientificismo hoy", en Universidad de Navarra. Grupo de Investigación, Ciencia, Razón y Fe. <https://www.unav.edu/web/ciencia-razon-y-fe/el-cientificismo-hoy>. Consultada el 30/12/22.

1992   *Ciencia y Fe. Nuevas perspectivas*. Pamplona: EUNSA.

1994   *El desafío de la racionalidad*. Pamplona: EUNSA.

2001   "Mi visión de la interdisciplinariedad", en Universidad de Navarra. Grupo de Investigación, Ciencia, Razón y Fe. <https://www.unav.edu/web/ciencia-razon-y-fe/mi-vision-de-la-interdisciplinariedad> Consultada el 30/12/22.

2003   *Filosofía de la Naturaleza*. Pamplona: EUNSA.

2004   *Las fronteras del evolucionismo*. Pamplona: EUNSA.

2007   *Ciencia y religión. Conceptos fundamentales*. Pamplona: EUNSA.

2009   *Filosofía de la ciencia*, Pamplona: EUNSA.

————y Karl Giberson
2007   *Oracles of Science*. Nueva York: Oxford University Press.

————y Daniel Turbón
2008   *Ciencia y religión. Conceptos fundamentales*. Pamplona: EUNSA.

ATKINS, PETER
1995   *Cómo crear el mundo*. Barcelona: Crítica.

AYALA, FRANCISCO JOSÉ
1994   *La teoría de la evolución. De Darwin a los últimos avances de la genética*. Madrid: Temas de Hoy.

AYER, ALFRED J. (ed.)
1981   *El positivismo lógico*. México: Fondo de Cultura Económica.

BOGDALSKA, MÓNIKA
s.f.   Lección Interactiva *on line* sobre el caso Galileo, en Grupo de Investigación, Ciencia, Razón y Fe. <https://www.unav.edu/lecciones-cryf/Leccion_sobre_el_caso_Galileo/story.html>. Consultada el 30/12/22.

BLANCO, PABLO
2011   *La teología de Joseph Ratzinger*. Madrid: Palabra.

BRANDMÜLLER, WALTER
1987   *Galileo y la Iglesia*. Madrid: Rialp.

Británish Humanist Association

British Humanist Association

2015   "What was the 'Atheist Bus Campaign'", en humanismo.org.uk
       <https://humanists.uk/campaigns/successful-campaigns/atheist-
       bus-campaign/>.Consultada e l 30/12/22.

Carreira, Manuel S.J.

2004   *Ciencia y fe: ¿relaciones de complementariedad?* Madrid: Voz de
       papel.

Collins, Francis

2007   *Cómo habla Dios. La evidencia científica de la fe.* Madrid: Temas de
       hoy.

Comellas, José Luis

2007   *Historia sencilla de la ciencia.* Madrid: Rialp.

Crick, Francis

1994   *La búsqueda científica del alma. Una revolucionaria hipótesis para el
       siglo xxi.* Madrid: Debate.

Dawkins, Richard

1989   *The phenotype extended.* Nueva York: Oxford.

2005   *El capellán del diablo.* Barcelona: Gedisa.

2014   *El gen egoísta: las bases biológicas de nuestra conducta.* Barcelona:
       Salvat.

2015   *El relojero ciego.* Barcelona: Tusquets editores.

De Irala, Jokin

2013   *Comprendiendo la homosexualidad.* Pamplona: EUNSA.

DEMBSKI, WILLIAM A.
1999   *Intelligent Design: The Bridge Between Science & Theology*, Downers Grove Illinois: InterVarsity.

DUHEM, Pierre
1905   "Les origines de la statique", en Archive. <https://archive. org/details/lesoriginesdelasooduhe>. Consultada el 30/12/22.

ECO, UMBERTO y Carlo María Martini
1997   *¿En qué creen los que no creen?* Barcelona: Temas de hoy.

EL MUNDO
2012   "La apuesta perdida de Hawking", en *El mundo.es*. <https://www. elmundo.es/elmundo/2012/07/04/ciencia/1341417577.html>. Consultada el 30/12/22.

ESCRIVÁ DE BALAGUER, JOSEMARÍA
2011   *Surco*. Madrid: Rialp.

2013   *Es Cristo que pasa*. Edición crítica a cargo de Antonio Aranda Lomeña. Madrid: Rialp.

FACCHINI, FIORENZO

2007   *Y el hombre apareció sobre la Tierra. ¿Creación o evolución?* Madrid: Palabra.

FERRER ARELLANO, JOAQUÍN
2001   *El misterio de los orígenes*. Pamplona: EUNSA.

FLEW, ANTONY
2013   *Dios existe*. Madrid: Trotta.

GOULD, STEPHEN J.
2000   *Ciencia versus religión: un falso conflicto*. Barcelona: Crítica.

2004   *Érase una vez el zorro y el erizo. Las humanidades y las ciencias en el tercer milenio*. Barcelona: Crítica.

————— y Niles Eldredge
1972   "Punctuated Equilibria: An Alternative to Phyletic Gradualism", en *Models in Paleobiology*. T. Schopf, San Francisco: Freeman, pp. 82-115.

GUTHRIE, WILLIAM K.C.
1985   *Los filósofos griegos. De Tales a Aristóteles*. México: Fondo de Cultura Económica.

HAHN, SCOTT y Regis J. Flaherty (eds.)
2007   *Catholic for a reason IV. Scripture and the Mystery of Marriage and Family Life*. Ohio: Emmanuel Road Publishing.

HALLIWELL, J.J.
1992   "Cosmología cuántica y creación del universo". *Investigación y Ciencia*, núm. 185, pp. 12-20.

HAWKING, STEPHEN
1989   *Historia del tiempo. Del Big Bang a los agujeros negros*. Barcelona: Crítica.

————— y Roger Penrose
1996   *La naturaleza del espacio y el tiempo*. Madrid: Debate.

————— y Leonard Mlodinow
2010   *El gran diseño*. Barcelona: Crítica.

Herce, Rubén
2014   "Monogenismo y Poligenismo. Status Quaestionis". *Scripta Theologica*, vol. 46, pp. 105-120.

Jaki, Stanley L.
1986   *Science and Creation: From Eternal Cycles to an Oscillating Universe.* NuevaYork: Science History Publications.

Jouve, Nicolás
2014   "¿Cuáles son los límites éticos de la investigación con embriones, la clonación y la investigación con células madre?", en Soler Gil, F.J. y M. Alfonseca (eds.), *60 preguntas sobre ciencia y fe respondidas por 26 profesores de universidad.* Barcelona: Stella Maris, pp. 353-360.

Kirk, G.S., J.E. Raven y M. Schofield
1987   *Los fragmentos presocráticos.* 3 vols. Madrid: Gredos

Kuhn, Thomas
1978   *La revolución copernicana. La astronomía planetaria en el desarrollo del pensamiento occidental.* Barcelona: Ariel.

La Cour, Michael J. y Donald Green
2014   "When contact changes minds: An experiment on transmission of support for gay equality", *Science,* 12 de diciembre de 2014, vol. 346, núm. 6215, pp. 1366-1399.

Law, Ian
2012   *Red Racisms. Racism in Communist and Post Communist Contexts.* Londres: Palgrave Macmillan.

López Moratalla, Natalia
2000   "Origen monogenista y unidad del género humano: reconocimiento mutuo y aislamiento procreador", en *Scripta Theologica*, vol. 32, pp. 205-241.

Lykken, Joseph y María Spiropulu
2014   "La supersimetría y la crisis de la física". *Investigación y Ciencia*, VI, núm. 453, pp. 17-21.

Llano, Alejandro
1988   *La nueva sensibilidad*. Madrid: Espasa Calpe.

Macintyre, Alasdair
1978   "Objectivity in Morality and Objectivity in Science", en Engelhardt-Callahan, *Morals, Science and Sociality*. Nueva York: The Hastings Center, pp. 21-39.

2009   "The very idea of a university: Aristotle, Newman and us". *British Journal of Educational Studies*, vol. 57, núm. 4, XII, pp. 347-362.

Castro, Maolis
2015   "*Science* retira un estudio que manipuló datos sobre la persuasión de los gays", ABC versión on line 29/05/15 <https://www.religionenlibertad.com/polemicas/42718/la-revista-science-reconoce-que-publico-propaganda-del-lobby-gay-sin.html>. Consultada el 30/12/22.

Maddox, John, James Randi y Walter W. Stewart
1988   "High –dilusion experiments a delusion", *Nature*, núm. 334, pp. 287-290.

MARMELADA, CARLOS A.

2014   "¿Son incompatibles el azar y el diseño?", en Soler Gil, F.J. y M. Alfonseca (eds.), *60 preguntas sobre ciencia y fe respondidas por 26 profesores de universidad*. Barcelona: Stella Maris, pp. 155-160.

2014b   "¿Qué dice la ciencia sobre el origen del hombre?", en Soler Gil, F.J. y M. Alfonseca (eds.), *60 preguntas sobre ciencia y fe respondidas por 26 profesores de univer sidad*. Barcelona: Stella Maris, pp. 183-187.

MARTÍNEZ ZARRAZINA, PABLO

s.f.   "Richard Dawkins, el Rottweiler de Darwin", en UAL. Unidad de Ateos y Librepensadores. <http://ateos.org/?page_id=48 >. Consultada el 30/12/22.

MATISCZYK, CHRIS

2010   "Hawking: Religion will be defeat by science", en CNET. <https://www.cnet.com/culture/hawking-religion-will-be-defeated-by-science/>. Consultada el 30/12/22.

MÉNDEZ, FERNANDO L. ET AL.

2013   "An African American Paternal Lineage Adds an Extremely Ancient Root to the Human Y Chromosome Phylogenetic Tree". *The American Journal of Human Genetics*, vol. 92, núm. 3, pp. 454-459.

MOLINA, FRANCISCO (COORD.)

2014   *Ciencia y fe. En el camino de la búsqueda*. Madrid: CEU Ediciones.

MONOD, JACQUES

1993   *El azar y la necesidad. Ensayo sobre la filosofía natural de la biología moderna*. Barcelona: Tusquets.

NEWMAN, JOHN HENRY

2011   *El cristianismo y las ciencias en la universidad*, Pamplona: EUNSA.

2014   *La idea de la universidad*. Madrid: Encuentro.

PONTIFICIA ACADEMIA DE LAS CIENCIAS

1986   "Statutes", en *The Pontifical Academy of Sciences*. <https://www.pas.va/en/about/statutes.html>. Consultada el 30/12/22.

PONTIFICIA COMISIÓN BÍBLICA

1948   "Carta al cardenal Suhard", en *La Santa Sede*. <https://www.vatican.va/roman_curia/congregations/cfaith/pcb_documents/rc_con_cfaith_doc_19480116_fonti-pentateuco_it.html>. Consultada el 30/12/22.

POPPER, KARL RAIMUND

1977   *La lógica de la investigación científica*. Madrid: Tecnos.

1983   *Conjeturas y refutaciones. El desarrollo del conocimiento científico*. Barcelona: Paidós.

1990   *The Logic of Scientific Discovery*. Boston: Unwin Hyman.

2010   *La sociedad abierta y sus enemigos*. Barcelona: Paidós.

2014   *La miseria del historicismo*. Madrid: Alianza editorial.

RIAZA, EDUARDO

2010   *La historia del comienzo*. Madrid: Encuentro.

RUSE, MICHAEL

2007   *¿Puede un darwinista ser cristiano? La relación entre ciencia y religión*. Madrid: Siglo XXI Editores.

Sagan, Carl

1982   *Cosmos*. Barcelona: Planeta.

2000   *El mundo y sus demonios: la ciencia como una luz en la oscuridad*. Barcelona: Planeta.

Sánchez Cañizares, Javier

2012a   "Las razones del ateísmo 'científico'", en *Palabra*, VI, pp. 56-59.

2012b   "A vueltas con el Higgs", en *Universidad de Navarra. Grupo de Investigación, Ciencia, Razón y Fe*. <https://www.unav.edu/web/ciencia-razon-y-fe/a-vueltas-con-el-higgs> Consultada el 30/12/22.

2014   "Noticias del Big Bang", en *Palabra*, V, pp. 58-61.

Saranyana, Josep Ignasi

1976   "Santo Tomás: De aeternitate mundi contra murmurantes", en *Anuario filosófico*, IX, pp. 397-424.

Sheahen, Laura

2006   "La fe de un científico", en *Arguments*. <https://eticaarguments.blogspot.com/search?q=Laura>. Consultada el 30/12/22.

Schlick, Mortiz

1981   "El viraje de la filosofía", en Ayer, Alfred (ed.). *El positivismo lógico*. México: Fondo de Cultura Económica.

Schönborn, C.; P. Schuster; R. Spaemann; P. Erbrich, y S. Wieden

2008   *Creation and Evolution*. San Francisco: Ignatius Press.

Soler Gil, Francisco José y Manuel Alfonseca (eds.)

2014   *60 preguntas sobre ciencia y fe respondidas por 26 profesores de universidad*. Barcelona: Stella Maris.

Sols, Ignacio

2014a   "¿Se ha opuesto la Iglesia a la ciencia? Verdad y manipulación en el caso Galileo", en Soler Gil, F.J. y M. Alfonseca (eds.), *60 preguntas sobre ciencia y fe respondidas por 26 profesores de universidad*. Barcelona: Stella Maris, pp. 103-109.

2014b   "Hasta qué punto se puede hablar de azar o diseño en la evolución biológica", en Soldr Gil, F.J. y M. Alfonseca (eds.), *60 preguntas sobre ciencia y fe respondidas por 26 profesores de universidad*. Barcelona: Stella Maris, pp. 161-168.

2014c   "Puede la ciencia ofrecer una explicación última de la realidad", en *Universidad de Navarra. Grupo de Investigación, Ciencia, Razón y Fe*. <https://www.unav.edu/web/ciencia-razon-y-fe/puede-la-ciencia-ofrecer-una-explicacion-ultima-de-la-realidad#:~:text=La%20ciencia%20no%20puede%20ofrecer,el%20conocimiento%20que%20puede%20proporcionar.>. Consultada el 30/12/22. Que a su vez lo toma de: *Ciencia y fe. En el camino de la búsqueda*, Molina, Francisco (coord.). Madrid: CEU Ediciones.

Sweeney, John

2007   "Francis Collins: Dios se puede encontrar en un laboratorio", en *Tendencias 21*. <https://tendencias21.levante-emv.com/francis-collins-dios-se-puede-encontrar-en-un-laboratorio_a1909.html>. Consultada el 30/12/22.

Spektor, Tim

2013   *Post Darwin. No estamos predestinados por nuestros genes*. Barcelona: Planeta.

Turbón, Daniel
2006   *La evolución humana*. Barcelona: Ariel.

Woods Jr., Thomas E.
2007   *Cómo la Iglesia construyó la civilización occidental*. Madrid:
        Ciudadela.

Documentos del Magisterio de la Iglesia

Papa Pío XII
1950   "Carta encíclica *Humani generis*", en *La Santa Sede*. <https://www.
        vatican.va/content/pius-xii/es/encyclicals/documents/hf_p-xii_
        enc_12081950_humani-generis.html>. Consultada el 30/12/22.

1951   "Discurso ante la Pontificia Academia de las Ciencias, 'Las pruebas
        de la existencia de Dios a la luz de la ciencia natural moderna'",
        en *La Santa Sede*. <https://www.vatican.va/content/pius-xii/it/
        speeches/1951/documents/hf_p-xii_spe_19511122_di-serena.
        html>. Consultada el 30/12/22.

1952   "Discurso a los participantes al Congreso Mundial de Astronomía",
        en *La Santa Sede*. <https://www.vatican.va/content/pius-xii/it/
        speeches/1952/documents/hf_p-xii_spe_19520907_la-presence.
        html>. Consultada el 30/12/22.

V.V. A.A.
1965   "Constitución apostólica *Dei Verbum* sobre la divina revelación,
        del Concilio Vaticano II", en *La Santa Sede*. <https://www.vatican.
        va/archive/hist_councils/ii_vatican_council/documents/vat-ii_
        const_19651118_dei-verbum_sp.html>. Consultada el 30/12/22.

s.f.   "Catecismo de la Iglesia católica", en *La Santa Sede*. <https://www.vatican.va/archive/catechism_sp/index_sp.html>. Consultada el 30/12/22.

PAPA JUAN PABLO II

1979   "Discurso del Santo Padre Juan Pablo II a la Pontificia Academia de las Ciencias con motivo de la conmemoración del nacimiento de Albert Einstein", en *La Santa Sede*. <https://www.vatican.va/content/john-paul-ii/es/speeches/1979/november/documents/hf_jp-ii_spe_19791110_einstein.html>. Consultada el 30/12/22.

1981   "Discurso del Santo Padre Juan Pablo II a la Pontificia Academia de las Ciencias", en *La Santa Sede*. <https://www.vatican.va/content/john-paul-ii/es/speeches/1981/october/documents/hf_jp-ii_spe_19811003_accademia-scienze.html >. Consultada el 30/12/22.

1986   "Audiencia general", en *La Santa Sede*. <https://www.vatican.va/content/john-paul-ii/es/audiences/1986/documents/hf_jp-ii_aud_19860416.html>. Consultada el 30/12/22.

1992   "Constitución apostólica *Fidei Depositum*", en *La Santa Sede*. <https://www.vatican.va/content/john-paul-ii/es/apost_constitutions/documents/hf_jp-ii_apc_19921011_fidei-depositum.html>. Consultada el 30/12/22.

1996   "Mensaje a los miembros de la Pontificia Academia de las Ciencias", en *La Santa Sede*. <https://www.vatican.va/content/john-paul-ii/es/messages/pont_messages/1996/documents/hf_jp-ii_mes_19961022_evoluzione.html>. Consultada el 30/12/22.

1998   "Carta encíclica *Fides et Ratio*", en *La Santa Sede*. <https://www.vatican.va/content/john-paul-ii/es/encyclicals/documents/hf_jp-ii_enc_14091998_fides-et-ratio.html>. Consultada el 30/12/22.

PAPA BENEDICTO XVI

2006   "Discurso en la Universidad de Ratisbona: Fe, razón y universidad",
en *La Santa Sede*. <https://www.vatican.va/content/benedict-xvi/es/
speeches/2006/september/documents/hf_ben-xvi_spe_20060912_
university-regensburg.html>. Consultada el 30/12/22.

PAPA FRANCISCO

2015   "Carta encíclica *Laudato si*", en *La Santa Sede*. <http:// http://
w2.vatican.va/content/francesco/es/encyclicals/ documents/
papafrancesco_20150524_enciclicalaudatosi.html>. Consultada el
30/12/22.

VIDEOS DOCUMENTALES

GOYA PRODUCCIONES

2009   *El origen del hombre*. 3 dvd. de 9 documentales. Madrid.

SITIOS DE INTERÉS

También puede ser útil consultar las siguientes páginas. Por lo regular son
actualizadas y abordan expresamente el tema de la complementariedad entre ciencia, razón y fe:

D.   Grupo de Investigación, Ciencia, Razón y Fe:
http://www.unav.es/ cryf/

E.   Enciclopedia Interdisciplinar de Ciencia, Razón y Fe:
http://www. inters.org/interdisciplinaryencyclopedia (disponible también en italiano).

F.   The Center for Theology and the Natural Sciences (CTNS):
www.ctns.org

Ciencia y fe: ¿un equilibrio posible?
El tiraje original se imprimió en la Ciudad de
México, el 27 de julio de 2021, en memoria de
la beati icación de san Ignacio de Loyola
en 1609 por Pablo V,
en Litográ ica Ingramex, S. A. de C. V. Centeno
1621, Granjas Esmeralda, Iztapalapa,
C. P. 09810, Ciudad de México, México
Esta es una versión de impresión bajo
demanda en formato A5

www.ingramcontent.com/pod-product-compliance
Lightning Source LLC
LaVergne TN
LVHW091453170726
843492LV00001B/167